U0105476

當代中華文化思想叢刊

想像西藏：

跨文化視野中的和尚、活佛、喇嘛和密教

上冊

沈衛榮　著

目次

下冊

導論
東、西方「想像西藏」之批判

一　中國的「新時代」與「西藏熱」

「想像西藏」是人類文明發展史上一個持續了很多世紀、且遍及全球的特殊和有趣的現象，即使在今日這個解構、祛魅的時代，它依然經久不衰，甚至愈演愈烈。由於過去的西藏在地理上的不可及性和文化上舉世無雙的獨特性，它曾給西藏以外的世界提供了無邊無際、無窮無盡的想像和設計空間。長期以來，東、西方諸多民族、在不同的時間階段內，憑藉其各自天才的想像力，根據其各自的需要，設計和創造出了一個又一個五花八門、匪夷所思的西藏形象。其中既有香格里拉式的迷人的神話世界形象，也有混沌未開、暗無天日的洪荒世界形象。有時它被當作「約翰長老的王國」（The Kingdom of Prester John）而受人期待，有時它又被視為神權獨裁、眾生愚昧的「喇嘛王國」（Lamaist State）而遭人鄙視。然而，不管是在東方，還是在西方，今天的西藏卻普遍成為一個人們熱切嚮往的地方。雪域西藏成了一個淨治眾生心靈之煩惱、療養有情精神之創傷的聖地。在這有可能是人世間最後的一塊淨土上，人們可以寄託自己越來越脆弱的心靈，實現前生今世所有未償的夙願。藏傳佛教之上師，不管是活佛，還是喇嘛，在世界上越來越多的「精神的物質主義者」（Spiritual Materialists）眼裏，都成了成就非凡的心靈科學家，都是他們爭相皈依的精神導師。

按理說，隨著交通條件的日益便利和資料化時代的到來，今天的西藏和外部世界之間的物質距離早已經不再和以前一樣遙遠和不可及了，出入西藏即使對於你我這樣的普通人來說也已不再是一件不可想像或者不可完成的使命了，而且，今天的西藏所發生的事情每天都可以通過各種信息管道傳遍整個世界。可是，人們依然沒有停止對西藏的想像，相反，這種想像變得越來越善巧，越來越精緻，也越來越離譜。近些年來，六世達賴喇嘛倉央嘉措的情歌流行全中國，也已成為知識大眾和小資階層最喜愛的心靈雞湯，甚至是包治情感百病的靈丹妙藥，可這些流行的情歌中很大部分實際上是今人偽託六世達賴喇嘛之名而創作的作品，與這位命運多舛的達賴喇嘛沒有半點的關係；近日時常看到網路上有人總結中國當今養成「新土豪」的種種特點，其中居然有「從漢人變成藏人」和「從狐朋狗友變為活佛同門師兄妹」等等，追隨活佛、信仰藏傳佛教儼然是一件非常「高大上」的事情。可見「想像西藏」於當今的中國不但不見消退，反而成了一件非常流行和時尚的事情，國人對西藏和藏傳佛教的想像和設計甚至已經超越了二十世紀七八十年代新時代（New Age）歐美人之所為。從當今潮人們創造和設計的各種「西藏形象」中，我們可以感受到當下這個時代之社會和文化的一些熱切的訴求和典型特徵。可想而知，在今後很長一段時間內，西藏無疑還將繼續是人們最願意傾注他們豐富的想像力的「異域」,「想像西藏」還將是一項長期持續的精神建設工程。有必要提醒的是，不管是被神話化的、還是被妖魔化的「西藏形象」，它們都不過是人類於不同時期「想像西藏」的階段性作品，它們與西藏的歷史和現實常常缺乏必要和實際的聯繫，反映的只是想像者們自身所處的社會和文化面貌以及他們所追求和設計的精神境界。換句話說，今日中國之「新土豪」心目中的西藏和藏傳佛教凸現出的是他們當下最熱切的心願、理想和關注，與實際的西藏和藏傳佛教無關。

二　西方「想像西藏」之批判

顯而易見，對西藏和西藏文化的熱望和追捧之風氣於西方世界之形成和彌漫遠早於今日之中國。與此相應，西方學術界對「想像西藏」這一現象的警覺和批判也已經有相當一段時間了。揭露和批判西方人自己設計和創造的天方夜譚式的「神話西藏」和千姿百態的「西藏形象」，一度曾經是後現代西方學術界開展後殖民主義文化批評，特別是開展對西方的「東方主義」和「文化帝國主義」之批判的最典型和最有說服力的例子。早在一九八九年，正當西方的「西藏熱」踊躍走上前臺的時候，Peter Bishop 先生的一部題為《香格里拉的神話：西藏、遊記和西方對聖地的創造》（*The Myth of Shangri-la: Tibet, Travel Writing and the Western Creation of Sacred Landscape*, Berkeley: University of California Press, 1989）的著作應運而生，它從文學批評和文化人類學的視角出發，揭露了西藏如何被西方人塑造成為一個聖地（香格里拉神話）的過程。作者指出，及至十八世紀中期，對西方世界而言西藏還近乎「只是一個謠言」（a mere rumor），對其知之甚少。然而在緊接著的工業化世紀中，西藏卻漸漸地演變成為一個維多利亞浪漫主義想像中的世外桃源，差不多就是世界上碩果僅存的最後一塊聖地，集中了以往所有人類曾經歷過的傳統聖地所擁有的那份神秘、力量和曖昧。在這部可稱經典的作品中，Bishop 先生通過對大量西方人的西藏遊記的閱讀和分析，追溯了這個神話般的聖地的創造、圓滿和衰落的軌跡，由此說明「旅行並不發現世界，而更是構建了世界」。Bishop 站在瑞士心理學家榮格的「無意識」理論的立場上，揭示西方出現的「在每一個時代的各種表述（現）中的每一個西藏（形象）都是無意識作用下的創造，這種想像的實踐則被理解為真實，而真實又可以被重複不斷地修正。每一代作家均借助他們對西藏的設計

〔和想像〕將無意識化為有意識，表露他們自己的各種最熱切的關注、未遂的心願，以及恐懼和希望等等。」通過追尋西方傳教士、士兵、外交官、商人、探險家、神秘主義者和詩人們留下的蹤跡，Bishop 揭露了西方之「西藏想像」的深層結構，標明了它在「西藏神話」形成過程中的轉化。

毫無疑問，Bishop 先生的這部著作對讀者瞭解西方人構建的有關雪域的神話，以及這個神話在形成西方對於東方之理解或者成見的過程中所扮演的角色具有無可替代的作用。不管就其批判性的態度和其理論深度，還是就其對於西方西藏遊記的全面掌握和細緻閱讀而言，《香格里拉的神話：西藏、遊記和西方對聖地的創造》都是一部極有啟發意義的優秀作品，是這一研究領域的開山之作。但是，其寫作和出版之時，正是西方之「神話西藏」開始走向全盛之日，當時人們還更多地陶醉於對香格里拉的嚮往和迷戀之中，尚缺乏對這種神話作集體反思和批判的意願和能力，而且 Bishop 的研究也沒有直接地和對當時的「西藏想像」的批判聯繫起來，所以他的這部作品並沒有在學界之外產生更多的影響力。

西方學術界首次大張旗鼓地集體反思和批判「神話西藏」或應當開始於一九九六年春天在德國波恩召開的一場題為「神話西藏」（Mythos Tibet）的國際學術討論會。一九九六年好像是德國的「西藏年」，不但達賴喇嘛頻頻到訪，而且德國各地紛紛舉辦了與西藏相關的各種文化活動。如在當時還是德國首都的波恩之新落成的聯邦藝術館（Bundeskunsthalle）中舉辦題為「智慧與慈悲：藏傳佛教藝術一千年」（Weisheit und Liebe: 1000 Jahre Kunst des tibetischen Buddhismus）的大型藏傳佛教藝術展，在法蘭克福舉辦了西藏電影節等等，把德國民間已經十分高漲的「西藏熱」又推向了一個新的高潮。可就在這個時候，就在舉辦「智慧與慈悲」藏傳佛教藝術展的波恩聯邦藝術館中同時舉辦了這場名為「神話西藏」的國際學術討論會，來自世界各地的很多著名藏學家，如美國最有名的兩位藏學家 Jeffrey Hopkins 和 Robert Thurman，其中也包括多位著名的流亡藏人學者，如波恩大學的察雅活佛等，齊聚一堂，旗幟鮮明地與西方社會的主流話語唱起了反調。他們以權威的姿態，以學術的形式，開始無情地解構和清算由西方傳教士、啟蒙思想家、殖民侵略者、神智主義者、遁世主義小說家、嬉皮士和西方藏學家們聯手創造出來的「神話西藏」，明確指出這個「神話西藏」是西方人自己的設計和幻想，它與西藏的歷史和實際無關，西藏在「過去和現在都不是一個思想或者行動的自由主題」，西藏並不如今天的西方人所想像的那樣從來都是一個和平、慈悲、智慧和環保的人間淨土。這次學術會議的論文結集《神話西藏：感知、設計和幻想》（*Mythos Tibet: Wahrnehmungen, Projektionen, Phantasien*, Köln: DuMont, 1997）大概是西方學術界第一部集體批判和清算西方「神話西藏」中的東方主義和文化帝國主義傾向的學術著作。可惜，這部論文集最初以德文出版，它的英文版《想像西藏：現實、設計和幻想》（*Imaging Tibet: Realities, Projections, and Fantasies*, Boston: Wisdom Publications, 2001）延遲到了二〇〇一年才在美國出版，很大程度上限制了它的影響力的發揮。

對西方「想像西藏」的歷史和現狀作了最系統、最令人激奮的揭露和批判，並在西方社會產生了巨大影響的學術著作當首推 Donald Lopez Jr. 的名著《香格里拉的囚徒：藏傳佛教與西方》（*Prisoners of Shangri-la: Tibetan Buddhism and the West*, Chicago and London: The University of Chicago Press, 1998）。Lopez 先生不但是一位資深的藏傳佛教研究專家，而且也是一位西方學術和文化批評家，自二十世紀九十年代早期開始就專注於對東方主義及其它對西方認知西藏和藏傳佛教之影響的研究，他將他對殖民、後殖民時代文化研究的深刻領會十分巧妙地應用到了他對西方「想像西藏」之歷史和現狀的研究和批判之中，貢獻出了一部具有時代意義的學術作品。Lopez 選擇了「喇嘛教」、《西藏生死書》、《第三隻眼睛》、六字真言、唐卡、美國的藏學研究和作為香格里拉之囚徒的達賴喇嘛七個最具代表性的西藏文化符號（cultural icons）作為他的研究的切入點，借助很多引人入勝的故事，揭露了西藏如何在西方浪漫主義、文化盜用、學術誤導和東方主義、文化帝國主義的大合唱中，最終失去其歷史、地理、時間、宗教和現實的根基，淪為一個精神的、虛幻的、非人間的香格里拉的過程，對西方人的「神話西藏」和他們在構建這個神話的過程中所表現出來的東方主義、殖民主義和文化帝國主義傾向作了痛快淋漓和入木三分的揭露、刻畫和解構。Lopez 的這部《香格里拉的囚徒：藏傳佛教與西方》名噪一時，其影響遠遠超越了國際西藏學界，不但成了西方後殖民時代文化批評領域內的一部十分顯眼的作品，而且也對西方世界普遍發燒的「西藏熱」潑了一瓢冷水。從此往後，不管你願意承認與否，一個無法迴避的問題已經擺在了全世界的西藏發燒友面前：「你是香格里拉的囚徒嗎？」

除了以上這三部作品以外，與批判「神話西藏」相關的西方學術著作層出不窮，其中比較著名的專著類作品就至少還有 Orville Schell 的《虛擬的西藏：從喜馬拉雅到好萊塢尋找香格里拉》（*Virtual Tibet: Searching for Shangri-la from the Himalayas to Hollywood*, New York: Metropolitan Books, 2000）、Martin Brauen 的《作為夢幻世界的西藏：西方幻影》（*Dreamworld Tibet: Western Illusions*, Bangkok: Orchid Press, 2004）和 Dibyesh Anand 的《地緣政治的異國情調：西方想像中的西藏》（*Geopolitical Exotica: Tibet in Western Imagination*, Minneapolis: University of Minnesota Press, 2008）等等，它們從通俗文化、大眾傳媒和地緣政治、國際關係等不同角度，對西方之西藏形象的塑造及其

背景、影響作了進一步的揭露和研究，加深了人們對西方「想像西藏」這一持續不斷的思想建設工程的歷史源流以及它對現實的西藏事務所造成的巨大影響的理解。

三　從對「東方主義」的批判到對「內部的東方主義」的反省

閱讀上述這幾部作品於我是一次十分奇妙和痛快的經歷，深受其啟發，且收穫良多。首先，它們幫助我揭開了進入西方深造後長期鬱結於胸的一個謎團，明白了當今西方世界為何如此熱衷於西藏和藏傳佛教的緣由，瞭解了西方「想像西藏」的歷史及其社會和文化背景，進而也對今日國際社會出現的「西藏問題」的真實面目與本質有了較清晰的理解；其次，它們對「神話西藏」本身的刻畫和解構，和對西方那些曾令人高山仰止的學術權威們和他們的著作的批判和解構，徹底掀掉了他們身上令人眩目的外衣，揭穿了他們的學術活動和著作中顯露出的「東方主義」「殖民主義」和「文化帝國主義」本質，幫助我擺脫了自進入學術界以來長期籠罩於我頭上的東方主義影響下的西方學術霸權的陰霾；再者，閱讀一部西方「想像西藏」的歷史實際上是閱讀一部西方的社會發展史和思想、文化史，於我這就像是經歷了一次全面接受西學的基礎訓練。圍繞著「想像西藏」這一主題而發生在西方和西方人身上的種種離奇的故事是如此引人入勝，它們一次次地把我引入了別有洞天的奇妙世界，常常令我歎為觀止，難以自拔。如西方啟蒙運動中的「浪漫東方」、十九世紀最有影響力的西方女性 Blavatsky 夫人創立的「神智學」（Theosophy）、榮格的「集體無意識」（Collective Unconscious）、新時代運動（New Age Movement）中的嬉皮士和迷幻藥等等，都曾經令我迷醉，都想刨根問底，一窺究竟。對上述這些故事、文化和社會現象，以及知識和理論的追尋和探究，於我如親歷了一場接受西方知識訓練的盛宴，至今回味無窮。

按照上述這些著作提供的基本線索，我曾經嘗試過系統地梳理西方與西藏互動的歷史過程，並寫文章對西方「想像西藏」的幾個主要歷史階段及其典型特徵進行劃分和描述。此外，由於我曾經對藏傳佛教寧瑪派所傳的《中陰聞解經》（*Bar do thos sgrol*）有過一定的研究，所以對它在西方的翻版《西藏死亡書》（*The Tibetan Book of the Dead*）及其流傳的歷史有十分濃厚的興趣，於是開始收集《中陰聞解經》的所有西文譯本和各種釋讀文本，並對這些譯本的成書過程和背景進行細緻的探討，揭露和分析它們中出現的那些明顯脫離了藏傳佛教本來的語境，而典型地反映了西方「時代精神」（Zeitgeist）的因素，發現《西藏死亡書》的每一次重譯實際上製造出的都是一部嚴重偏離原著的新書，通過對西方人發現、翻譯、重譯和從不同的角度出發不斷重新解讀《西藏死亡書》之過程及其背景的探尋和揭露中，我們可以譜寫出一部西方近代思想史和社會史。晚近美國普林斯頓大學出版社正組織編寫、出版一套名為《宗教巨著傳記》（Lives of Great Religious Books）的系列小叢書，其中就有 Lopez 撰寫的《西藏死亡書小傳》（*The Tibetan Book of the Dead: A Biography*, Princeton University Press, 2011），在他的《香格里拉的囚徒：藏傳佛教與西方》中有關《西藏死亡書》那一章的基礎上，對這部書在西藏和西方流傳的歷史及其背景作了更系統的敘述。這部叢書至少也將包括對《易經》和《道德經》等漢文經典的傳播史，將分別由西方漢學家 Richard J.Smith 和 James Robson 撰寫。可以想像，如果有人像 Lopez 研究《西藏死亡書》一樣下功夫研究西方翻譯、接受和解釋如《論語》《道德經》《易經》等其它東方聖典的過程和背景，那麼，我們勢必也可以在它們的背後發掘出許多引人入勝的故事，在它們的譯文和解釋中發現很多硬塞進去的外來貨色，並寫出一部別具一格的近代西方思想史。

閱讀上述這些著作和自己嘗試探索西方「想像西藏」之歷史的經歷讓我深刻地體會到，上述這些西方學術著作之所以能夠取得如此的成功，其中一個十分重要的原因就是它們的作者對西方的歷史和文化，特別是對西方殖民主義和後殖民主義文化的大背景有著極其透徹的瞭解，唯有如此他們才能對西方「神話西藏」的東方主義和文化帝國主義本質做出如此犀利的批判和深刻的反省。而作為西方文化帝國主義的直接受害者的東方學者，雖然我們對西方的文化霸權有切膚之痛，故十分熱切地希望將「東方主義」理論作為批判的武器來清算西方文化帝國主義的惡行，消除西方長期以來對東方的歪曲和誤解，但由於我們對西方社會、思想和文化之歷史和現狀本身瞭解不多，理解也不深，所以我們對他們的批評常常是隔靴搔癢，多流於激憤和表面，很難擊中其要害，達到上述這些作品對西方文化之批評和解構的深度和犀利。因此，瞭解和吸收上述這些作品的研究成果應該是我們揭露和批判西方「想像西藏」的歷史及其後果的起點。

閱讀上述這些作品給我們的另一個啟發是，「東方主義」作為一種誤讀和誤解他者的思想和表述方式，它並不只是西方人的專利，它並不只是西方文化帝國主義專有的認識和支配「他者」的一個錯誤的思想工具。事實上，即使在東方各民族之間交往和互動的歷史進程中，彼此間同樣有過很多的想像和設計，同樣出現過無數的誤解和歪曲。像中國這樣一個眾多民族共存的國家裏，不管是在歷史上，還是在當今的現實中，在民族與民族的交往過程中，無疑都存在「東方主義」，或者如西方人類學家所指稱的那樣，有「內部的東方主義」（Inner Orientalism）的傾向，對此同樣值得我們進行深入的探討和研究，並做出深刻的反省和批判。換句話說，我們同樣需要足夠的道德勇氣和批判精神，像西方學者批判和反省「東方主義」和「文化帝國主義」對他們認識和表述東方所帶來的負面影響一樣，來研究「想像西藏」在東方的歷史和現狀，探討東方出現的典型的西藏形象及其形成這些典型形象的背景和原因，揭露和批判東方對西藏和西藏文化的誤解和歪曲。一個顯而易見的事實是，在漢族的傳統文化中，「西藏形象」同樣千變萬化，於不同的階段，在不同的人眼中，都有一個不同的西藏。而每一種傳統的、典型的「西藏形象」的形成勢必都有其特殊的歷史背景，也或多或少對我們瞭解和理解今日的西藏和西藏文化有明顯的負面影響，因而我們極有必要對我們漢族傳統中的「想像西藏」的歷史進行深入、細緻的研究。而在這個領域內，與西方的學術同行相比我們具有天然的優勢，我們對自己民族的歷史和文化傳統顯然有著更加深入和透徹的瞭解，所以我們更有能力對我們的傳統中對西藏和西藏文化進行想像的歷史做出認真的梳理，對我們的傳統中對他們的誤解和歪曲進行深刻的揭露和批判，並揭示造成這些誤解和歪曲的時代、政治、社會和文化背景。

四　元朝以來漢文化傳統中的「想像西藏」

受西方學者對西方「想像西藏」中透露出的「東方主義」和「文化帝國主義」傾向的批判和反省的啟發，我開始注意和研究漢族文化傳統中的「想像西藏」現象，並嘗試揭露它對漢藏兩個民族間的相互理解所造成的危害。而二十世紀八十年代初馬建發表的一部曾引起了極大爭議和政治風波的小說《亮出你的舌苔或空空蕩蕩》則成為我進行這項研究的一個切入點。這部小說可以說是閱讀和分析漢族文化傳統中的「西藏形象」的一個經典文本，雖名曰「紀實小說」，實際上是一部時空錯亂、混淆幻想與現實的典型的「想像西藏」作品。它以一系列離奇和聳人聽聞的西藏故事，向讀者傳達了一個「色情化」「巫化」和「政治化」了的西藏和藏傳佛教形象。這些「西藏形象」於當時代的西藏基本上無形跡可尋，可是在自元朝以來的漢族文化傳統中卻時隱時現，有案可稽，所以，這部小說差不多就是漢族古代傳統中妖魔化、色情化西藏和西藏佛教之形象的一個現代翻版。不但作者小說中所描寫的這些當代故事多半取材於中國古代的「小說家言」，取材於形成漢族古代文化中有關西藏和藏傳佛教之傳統的「背景書」（background books）中，而且作者描寫西藏，特別是將西藏描寫成一個「情色之鄉」的出發點和著眼點都不是要真實地描寫作者西藏之行中所見到的西藏和藏傳佛教，而是拿西藏和藏傳佛教說事，用它們來曲折地表達北京「前衛」知識青年的願望和訴求，用它們來反襯，甚至希望以此為工具來打破當時沉悶的漢族社會、文化生活中嚴酷的性禁錮。而馬建對西藏和藏傳佛教的描述方式，以及他這部小說中所透露出的對西藏宗教和社會的總體價值評價也大致反映出了二十世紀八十年代中國社會和媒體的主流看法，在思想上並無任何先進和前衛的地方。

為了追究馬建《亮出你的舌苔或空空蕩蕩》這部小說中凸現出的那些被扭曲了的「西藏形象」的來歷，我開始從漢文古文獻中追尋歷代漢族士大夫「想像西藏」的歷史過程。不言而喻，漢文古文獻中有關西藏的記載不僅數量巨大，而且內容也極為豐富，這是同時期的西方文獻所無法企及的。如果有人有心深入探究漢人「想像西藏」的歷史過程，並探尋各種西藏形象背後的歷史背景和細節，那麼，我們一定也能夠寫出一部像《香格里拉的囚徒：藏傳佛教與西方》一樣精彩和有啟發意義的著作。當然，我還沒有花大力氣去做這樣的研究，從我迄今尚且粗淺的涉獵來看，元朝以前的漢文文獻，特別是唐朝的漢文文獻中有關西藏的記載，大部分牽涉唐朝與吐蕃的政治和軍事互動，特別是雙方在西域的角逐和戰和關係，其中透出的「西藏形象」大致是一個軍事強悍、民眾「弓箭不離身」，而文化則尚未開蒙，即所謂「無文字、刻木結繩為約」的部族。而到了元朝，由於蒙、漢、藏、西夏等民族間的政治和文化聯繫變得更為密切，所以漢文文獻中有關西藏和藏傳佛教的內容變得相當豐富，其中透露出的「西藏形象」也開始變得清晰和飽滿起來。值得一提的是，元朝漢文文獻中的「西藏形象」和通過《馬可波羅遊記》在西方流傳的「西藏形象」有很多類似的地方，傳遞出的首先都是具神通的西藏喇嘛的神僧形象和西藏人於兩性關係上自由和不加羈束的消息，這或有助於說明馬可波羅確實到過中國這一事實，否則他對西藏人形象的描述何以與元代漢族士人筆下的西藏形象如此相似呢？

我總結元朝漢族文人筆下的西藏喇嘛形象主要有「神通」「妖術」和「賊髡」三種，「神通」形象來源於藏傳佛教薩迦派所傳的大黑天崇拜（Mahā kala Cult），「妖術」則與傳為元宮廷流行的涉及男女雙修的藏傳密教修法「秘密大喜樂禪定」和「演揲兒法」相關，而「賊髡」的原型則是元代那位挖了宋代皇帝陵墓的「江南釋教總統」、河西僧楊璉真伽。顯而易見，這三種形象均非來源於藏傳佛教僧人於元朝活動事蹟的真實記錄，其中充滿了以訛傳訛的誤解和想像的成分。西藏喇嘛神通廣大這是於漢文化傳統中自古及今普遍流傳的一種說法，這大概與藏傳佛教的密教修法及其成就有關，而元代番僧的「神僧形象」或即是這種形象傳世的開始。《馬可波羅遊記》中說來自尼婆羅和西番的「八哈失」是世界上最厲害的魔術師，西番的喇嘛只要口中一念密咒，保證立馬風和日麗，使得在長途跋涉中的蒙古大汗風雨無侵。同樣的記載也見於元代的漢文文獻中，後者特別對番僧祝禱大黑天的神效有很多的記載，番僧顯現的種種匪夷所思的神通都與番僧世代祝禱的大黑天神有關。事實上，大黑天不過是藏傳佛教行者修持的眾多本尊、護法中的一位，並無特別的神奇，它被視為蒙古人的戰神當是信眾們的附會，而且觀修本尊的目的並不是為了獲取神通，而是為了最終得道成佛。再說，觀修大黑天並非元代才出現，而是西夏時代就已經傳入西域與內地的一種修法，將它的修習所得之成就演化為番僧的神通，其中顯然有很多附會和誇大其辭的成分。而傳為番僧於元朝宮廷中所傳的「秘密大喜樂禪定」和「演揲兒法」，其中雖或確實有男女雙修的內容，但它們顯然與中國歷朝末代皇帝宮廷中習見的淫亂故事不可同日而語，它們不是「淫戲」和「房中術」，而是與薩迦派所傳的「道果法」相關的秘密修法，是旨在證成「樂空無二」的成佛之道。而楊璉真伽發宋陵寢、將宋理宗頭蓋骨製成藏傳佛教之法器——嘎巴拉碗，於亡國的大宋遺民眼裏自然是天良喪盡的罪惡，然而於元初蒙古統治者眼裏，楊璉真伽卻是一位十分能幹的地方大員，於佛教徒眼裏，他也是一位在江南為佛教的振興做出了巨大貢獻的人物，他的許多惡行也是後人強加於他頭上的，他的「賊髡」形象是被後人漸漸塑造出來的。總而言之，由於番僧深得元朝蒙古統治者的喜愛和重用，蒙古人更喜歡藏傳佛教而不喜修習漢族傳統的孔孟之道，這引起了積極希望以漢族孔孟思想為主導的文武之道來改造蒙古征服王朝的野蠻統治的漢族士大夫對番僧的強烈痛恨，所以不惜把導致元朝驟亡的髒水一股腦兒地潑在了幾位番僧頭上。

元朝漢文文獻中出現的這三種典型的番僧形象從此塑定了漢文化傳統中對西藏和藏傳佛教的基本認識。取代了蒙古外族統治的明朝統治者重新祭起了「嚴夷夏之辨」的大旗，復視事實上已為其「編戶齊民」的西藏為遠夷，將對番僧的籠絡視為懷柔他們的政治策略，所以儘管明代進入內地、常住京城的番僧數量遠遠超過了元朝，而且明朝的大部分皇帝們也對藏傳佛教顯示出了異常的熱情，但在明代士大夫筆下藏傳佛教依然不過是「鬼教」，是「喇嘛教」，明代宮廷優待番僧無非是出於政治上的考量，與文明無關。明代漢文文獻中出現了更多有關番僧、番教的傳奇故事，而其情節則多與元人傳說的故事十分相似，同樣不把它們當作正宗的佛教傳統。這樣的傳統一直延續到清代，是故連明顯信仰藏傳佛教，而且對藏傳佛教有相當精深研究的乾隆皇帝，為了在其臣下面前保全其文武大皇帝的面子，甚至也不得不撇清他自己與藏傳佛教的關係，在他的那篇著名的《喇嘛說》中，他公開聲明他用心研究番經絕不是因為他真的信仰藏傳佛教，而是為了更好地利用喇嘛和番教的影響力來有效地制服和統治蒙古和邊疆。巫化喇嘛和藏傳佛教顯然是明、清時代漢族文化傳統中的一個十分醒目的現象，這樣的傳統甚至影響到了自元及明、清三代均與漢地有密切文化聯繫的高麗文化人，在這三代高麗文化人的文集中，特別是在數量巨大的所謂燕行使們留下的燕行錄中，我們時常見到他們對喇嘛和藏傳佛教的十分負面的記載和嘲諷，在他們看來，喇嘛和藏傳佛教是導致元、明、清三代漢族傳統禮崩樂壞的罪魁，因為他們用巫術蠱惑了中國的統治者們，令他們拋棄了漢地古老和美好的文化傳統，而代之以野蠻、荒誕的喇嘛教。這樣的傳統，一直遺毒後世，所以在曾被人稱為「前衛作品」的《亮出你的舌苔或空空蕩蕩》中依然可見其十分惡劣的影響。

五　「想像西藏」之批判與解構香格里拉

如前所述，「想像西藏」於今日愈演愈烈，東、西方世界在對西藏作香格里拉式的想像這一點上已日漸趨同，西藏日益成為後現代東、西方世界共用的一個最受歡迎的「精神超市」。但是，歷史上東、西方之「西藏想像」的不同歷程早已使他們對西藏有了全然不同的形象和理解，它們對造成今日東、西方之間在「西藏問題」上出現的嚴重對立有著不可推卸的責任。於西方世界，香格里拉式的「西藏形象」是如此地深入人心，人們顯然已經習慣於在西藏與香格里拉——一個莫須有的烏托邦之間劃上等號。與此同時，他們很容易把一個作為物質存在的西藏拋在腦後，以至於完全不關心現實的西藏可能出現的種種細小和具體的問題和困難，卻津津樂道「神話西藏」精妙絕倫的美麗風景，將西藏與我們這個時代所有的宏大敘事和美好理想聯繫起來，寄託我們對一個理想世界的全部期望。然而，想像出來的西藏畢竟只是人類的一種精神創造，它可以是人類為之奮鬥的一個理想，但絕不能強求立刻將它變為現實。事實上，想像的西藏永遠也不可能成為現實的西藏，如果一定要將想像的西藏作為衡量、評說現實西藏的標杆，時時拿想像中的香格里拉來比照現實中的西藏，這無疑只會加劇東、西方在「西藏問題」上的分歧和衝突，而對現實中出現的西藏的種種問題的解決沒有絲毫的助益。我們可以無限地熱愛和憧憬香格里拉，但我們不應該成為香格里拉的囚徒，因為要求一個在政治、經濟、文化和社會等各個方面都與後現代的西方世界有相當一段距離的現實西藏來首先實現一個後現代世界的遠大理想，這不但是不現實的，而且也是不公平的，其中多少透露出一點西方加之於東方的帝國主義，或者文化帝國主義的氣息。

第一章
一個創造出來的傳統：西藏文文獻中的和尚摩訶衍及其教法

一　從「背景書籍」和「達賴喇嘛的微笑」談起

Umberto Eco 先生曾經指出，我們人類是帶著一些「背景書籍」（background books）來雲遊和探索這個世界的。這倒不是說我們必須隨身攜帶這些書籍，而是說我們是帶著一種從自己的文化傳統中得來的、先入為主的對世界的觀念來雲遊世界的。不可思議的是，我們出遊時往往就已經知道我們將要發現的是什麼，因為這些「背景書籍」告訴我們什麼是我們假定要發現的。這些「背景書籍」的影響是如此之大，不管旅行者實際上所發現的、見到的是什麼，任何東西都將借助它們才能得到解釋。例如整個中世紀的傳統令歐洲人確信世界上，確切地說是在東方，存在有一種稱為「獨角獸」（unicorn）的動物和一個「約翰長老的王國」（The Kingdom of Prester John）。於是，連沒有讀過幾本書的意大利年輕商人馬可波羅到了東方亦念念於茲，並最終發現了這兩種實屬莫須有的東西。事實上，他於爪哇所見到的不是真的「獨角獸」，而是犀牛（rhinoceroses）；他書中所說的「約翰長老」或許是蒙古部族中信仰聶思脫裏教的克烈部落首領王罕。二者皆與馬可波羅實際要尋找的東西風馬牛不相及。[1]這種從自己文化傳

1　Umberto Eco, “From Marco Polo to Leibniz: Stories of intercultural misunderstanding” A

統中的「背景書籍」出發，對他種文化傳統產生誤解、歪曲的現象不但於世界文明交流的歷史上司空見慣，而且就是在全球化成為不可逆轉之趨勢的今天依然屢見不鮮。同一樣東西、同一種文化現象於不同的文化和歷史背景之中會得到完全不同的詮釋。大概是在一九九六年秋天，筆者曾於德國法蘭克福機場候機廳內有過一次令我至今難以釋懷的經歷。當時有兩位來自中國大陸的知識女性，正於結束了在德國的短期學術訪問後的歸國旅途中。她們利用候機之餘暇，正在交流各自於德國的見聞。其中一位談到了此前不久訪問過德國的達賴喇嘛，最後加上一句評論說：「你看達賴喇嘛的笑有多噁心！」另一位當即應聲附和。坐在一旁滿有興趣地聽她們交談的我，聽到此時不禁驚詫莫名。我想當時在場的德國乘客中若有懂得漢語者，聽得此話一定會覺得這兩位看起來相當文雅的中國婦女是魔鬼，因為於西方世界，達賴喇嘛的微笑通常被認為是世界上最迷人、最智慧、最慈悲的微笑。何以這同樣的一種微笑到了中國知識婦女的口中卻是「有多噁心」呢？這個問題令當時的我陷入了長時間的沉思，亦令以後的我孜孜於探索漢、藏間、西方與西藏間之文明遭遇的歷史，試圖發現漢藏和中西之間在過去的交往中出現的種種誤解，並提示其危害。

毫無疑問，認為達賴喇嘛之微笑「有多噁心」的那兩位中國知識女性肯定不是魔鬼，她們之所以對達賴喇嘛之微笑有著與西方人截然不同的反應，顯然是因為她們從自身攜帶的「背景書籍」出發，於今日中國之民族主義的話語（discourse）中，閱讀了「達賴喇嘛的微笑」這一「文本」。於中國的大眾傳媒中，達賴喇嘛是一位依恃西方世界之支持而謀求西藏獨立的分裂分子，所以出現於西方公共場合中

lecture presented on December 10, 1996, The Italian Academy for Advanced Studies in America. 關於馬可波羅與約翰長老的故事參見：楊志玖，《馬可波羅在中國》，天津：南開大學出版社，1999年，第161-188頁。

的「達賴喇嘛的微笑」在他們看來顯然是達賴喇嘛為取悅其西方支持者而作的媚笑，故它是「噁心」的。而於西方大眾而言，西藏是世界上經過現代化掃蕩之後碩果僅存的最後一塊淨土，是所有企求超越物質主義和獲得靈魂解脫者的精神家園。而達賴喇嘛是智慧與慈悲的化身，是世界所有熱愛和平、渴求智慧者的精神導師，故他的微笑當然是世上最迷人、最智慧、最慈悲的微笑。於解讀了隱藏於這兩種對「達賴喇嘛之微笑」的截然不同的看法背後的各自的「背景書籍」之後，不但這些聽起來危言聳聽的說法不再那麼匪夷所思了，而且這兩種看似有天壤之別的觀點亦不是不可調和的了。顯而易見，不管是西方的、還是中國的「背景書籍」中的西藏與達賴喇嘛，實際上都與歷史的、現實的西藏和達賴喇嘛有著極大的差異。說到底，這些「背景書籍」，或者說那些被稱為「文化傳統」的東西，其中有許多不是對歷史和現實的真實反映，而是被人為地創造出來的。因此，若要理解何以中國人、西方人對「達賴喇嘛的微笑」會有著如此截然不同的看法，就必須首先對隱藏於這兩種看法背後的兩種不同的「背景書籍」，或者說「文化傳統」作仔細的檢討，弄清楚這些今天被我們認為是「傳統」的東西是如何被創造出來的，並進而找出形成各種文化間之誤解（intercultural misunderstanding）的根源。

漢、藏兩個民族間政治、文化的互動、交流少說亦已經有近一千五百年的歷史了，這種交流無疑推動了漢藏兩種文明的進步和多樣化。然而，於此千餘年的交流過程中相互間亦都形成了對對方文化的一套「背景書籍」，其中充斥了誤解和歪曲，至今仍影響著漢、藏兩個民族、文化間的相互理解和欣賞。而其中最令人注目的一種「背景書籍」就是各自對對方之佛教傳統的誤解和輕蔑。於漢族的文化傳統中，藏傳佛教總是和神通、妖術等相提並論，故不是被稱為「秘密法」「鬼教」，就是被稱為「喇嘛教」，似乎它並不是大乘佛教的一支，而是一種騙人的把戲。[2]明代著名大學士張居正（1525-1582）撰於萬曆元年（1573）四月八日的《番經廠碑》是筆者迄今所見最早出現「喇嘛教」這一名稱的漢文文獻，此云喇嘛教是「達摩目為旁支曲竇者也」。[3]令人叫絕的是，於藏族的文化傳統中，菩提達摩所傳之教法，即漢傳之禪宗佛教，亦遭受了與藏傳佛教於漢地所受到的同樣的待遇。多年前，時任中國科技大學校長的朱清時院士訪問了西藏，並與西藏幾位著名的活佛討論佛法。據他報導，「當我說到漢傳佛教的禪宗，他們就哈哈大笑，說藏傳佛教有一個很知名的故事。大約幾百年以前，內地去了一位非常有名的高僧，他是禪宗的大師，和藏傳佛教大師辯經。後來呢，漢傳佛教敗得一塌糊塗，藏傳佛教就從此看不起漢傳佛教。」[4]這些西藏活佛提到的那位從內地去的禪宗大師指的一定是於八世紀下半葉從敦煌應邀往吐蕃傳法的漢人禪師和尚摩訶

2　二十世紀八○年代末馬建的小說《亮出你的舌苔或空空蕩蕩》(《人民文學》1，北京，1987年，第98-116頁)，曾因引起了西藏人的強烈反感而遭到政府禁燬。這部小說可以說是誇張地、戲劇化地反映了藏傳佛教於漢族文化傳統中的形象。有意思的是，據稱作者是在完成其西藏之旅後寫作這篇小說的。顯然，他於西藏之所見所聞受到了他出發前就已經知道的有關西藏的「背景書籍」的影響。他於小說中所描述的一妻多夫、天葬、男女雙修等故事，皆是漢人有關西藏文化之「背景書籍」中最基本的東西。他的西藏之行看起來只是為了確認他早已經知道了的東西，他據稱於西藏道聽塗說來的一些故事，或許可以為其小說增加一些聽起來更可信、更直觀、更具體的細節，但其小說中所描述的主要內容當主要來自他的「背景書籍」，而不是他從西藏采風所得。事實上，不只是於漢族文化傳統中，就是於西方的文化傳統中，藏傳佛教亦同樣一直受到歪曲、誤解，甚至不同程度的妖魔化。漢文中的「喇嘛教」與西文中的「Lamaism」這兩個名稱之間不見得一定有必然的相承關係，而更可能是殊途同歸。關於西方文化傳統中的Lamaism參見：Donald Lopez Jr., Prisoners of Shangri-la: Tibetan Buddhism and the West, Chicago and London: The University of Chicago Press, 1998.

3　《欽定日下舊聞考》，臺北：廣文書局，1968年，卷6，第8a-8b頁。

4　www.secretchina.com/news/articles/3/9/5/50178b.html.「中國科技大學校長朱清時院士西藏之行的感悟」(2003年9月5日)。

衍，而他們提到的那次辯經指的亦肯定是傳說發生於七九四年的著名的「吐蕃僧諍」，只是和和尚摩訶衍辯論的主角實際上並不是藏傳佛教大師，而是來自印度（尼婆羅）的蓮花戒論師。傳說這場僧諍以和尚摩訶衍為首的頓悟派被以蓮花戒為首的漸悟派擊敗而告終，從此中觀漸悟派的清淨見行被立為藏傳佛教之正宗，而漢地的頓悟說則被作為異端邪說而逐出吐蕃。於是，於西藏的文化傳統中，「和尚之教」差不多就是異端邪說的代名詞。這種傳統甚至一直延續到了今天。

顯而易見，這兩種於漢、藏文化傳統中已經定格為各自對對方之文化傳統之「背景書籍」的東西，事實上皆是對對方文化傳統的誤解。當代西方人類學家將藏傳佛教文化之特徵形象化地總結為 civilized shamans（文明的薩滿），[5]此即是說藏傳佛教確有其神通、秘密的一面，但亦有其廣大（rgya chen）、精深（zab mo）的一面，它絕不是蠱惑人心的「方伎」「幻術」。同樣，漢地的禪宗佛教亦絕不是可以被人隨意嘲笑的對象，藏傳佛教雖高山仰止，但絕無理由可以「看不起漢傳佛教」。殊為遺憾的是，這兩種根深蒂固的「背景書籍」顯然已經嚴重阻礙了漢、藏兩種文化間的交流。傳說發生於八世紀末的那場「吐蕃僧諍」無疑是一場相當有水準的跨文化、跨宗教的對話，然而圍繞著這場僧諍及其結果所形成的「背景書籍」卻使得漢、藏兩種文明之間從此以後再也沒有出現過如此高水準的對話。此足見「背景書籍」對兩種文明間的交流的影響是何等之巨？而要排除這些負面影響的唯一途徑就是直接地檢討這些「背景書籍」的來龍去脈。筆者已曾嘗試對漢文化傳統中有關藏傳佛教之「背景書籍」進行揭露和批判，[6]今則嘗試以西藏文獻中有關和尚摩訶衍及其所傳教法

---

5 Geoffrey Samuel, Civilized Shamans: Buddhism in Tibetan Societies, London: Smithsonian Institution Press, 1995.

6 沈衛榮，《神通、妖術和賊髡：論元代文人筆下的番僧形象》，《漢學研究》，21：2

之記載為中心對西藏文化傳統中有關漢傳佛教的「背景書籍」之形成和影響作一番探索。

二　吐蕃時期的漢、藏文化交流和有關「吐蕃僧諍」之傳統

漢藏文化間的交流源遠流長。當這兩種文明首次相遇時，於漢地正處大唐盛世，乃漢族文明之全盛時期；於吐蕃則混沌初開，尚處於「無文字」「刻木結繩」的前文明時代。史載吐蕃贊普松贊干布得尚大唐文成公主時，曾「歎大國服飾禮儀之美，俯仰有愧沮之色」。「遂築城邑，立棟宇，以居處焉」。而且「自亦釋氈裘，襲紈綺，漸慕華風。仍遣酋豪子弟，請入國學，以習詩書。又請中國識文之人典其表疏。」[7]然於往後的百餘年間，吐蕃的發展令人刮目相看。不僅其軍事力量銳不可當，曾於大唐之西建立起了一個強大的中亞大帝國，而且隨著佛教的傳入，吐蕃作別了文化的蒙昧時代，以大量佛典之藏譯為標誌的文字文化亦已達到了相當的高度。顯然，於吐蕃最初的文明進程中，對漢族文化的吸收是其快速發展的原動力之一，早期藏族文化中有著明顯的漢文化烙印。漢地的曆法、占卜類文書，相傳於松贊干布之父、囊日松贊時代就已經傳入了吐蕃，而文成公主復攜六十種

（臺北，2003.3），第219-247頁；沈衛榮，《懷柔遠夷話語中的明代漢、藏政治與文化關係》，東アジアにおける國際秩序と交流の歴史的研究，21世紀COEプログラム，京都大學大學院文學研究科，口頭髮表於2004年5月22日。相關的著作還有：Isabelle Charleux, “Les《lamas》vus de Chine: fascination et repulsion” Extréme-Orient, Extréme-Occident, Cahiers de recherches comparatives24: L’anticléricalisme en Chine (2002), pp.133-152.

7 〔後晉〕劉昫等，《舊唐書》，北京：中華書局，1975年，卷196；《吐蕃傳》，第5219、5221-5522頁。

曆算、占卜類文書入藏，[8]松贊干布又再派貴族弟子專門去唐都長安學習、翻譯這些文書。因此，流傳至今之藏文曆法、占卜類文書，與漢地之曆算、占卜傳統一脈相承。還有，漢族儒家文明之經典著作亦曾於吐蕃流傳，松贊干布曾遣酋豪子弟於長安入國學、習詩書，金城公主入藏後亦曾遣使向唐廷請毛詩、禮記、左傳等漢文經典，敦煌出土的吐蕃文書中尚有《尚書》《春秋後語》（或曰《戰國策》）之藏譯殘本。[9]於《敦煌吐蕃歷史文書》中甚至出現過原見於《史記》中的「毛遂自薦」這樣的典故，可見其作者有相當高的漢文化修養。[10]此外，西藏人樂於修史的傳統恐怕亦與其學習、接納漢族文化之傳統有關。漢族之醫書亦早在文成公主時代就已經傳到了西藏，隨文成公主入藏的還有許多的工匠，漢族之陶瓷工藝，特別是制碗的技術，亦於吐蕃王國時代就已經傳入；傳說文成公主還帶了不少作物的種子入藏，因此不少漢地的作物亦開始在西藏生長，據說漢地的茶葉亦是在吐蕃時代傳入並為藏人所喜愛的。[11]總而言之，吐蕃時代藏族文化的快速發展與其吸收漢族文化之精華有密切的關聯。

而漢文化傳統對於西藏文明之發展的另一大貢獻是將佛教傳入了西藏，儘管漢地並不是吐蕃佛教之唯一來源。按照西藏之歷史傳統，

8 sTag tshang rdzong pa dPal 'byor bzang po, rGya bod kyi yig tshang mkhas pa dga 'byed chen mo 'dzam gling gsal ba 'i me long (《漢藏史集》)，成都：四川人民出版社，1985年；達倉宗巴・班覺桑布著、陳慶英譯，《漢藏史集》，拉薩：西藏人民出版社，1986年，第99-100頁；參見王堯，《從「河圖、洛書」、「陰陽五行」、「八卦」在西藏看古代哲學思想的交流》，收入王堯，《水晶寶——藏學文史論集》，高雄：佛光文化事業有限公司，2000年，第125-164頁。

9 王堯，《吐蕃時期藏譯漢籍名著及故事》，收入王堯，《水晶寶》，第12-85頁。

10 Tsuguhito Takeuchi（武內紹人），"A passage from the Shih Chi in the Old Tibetan Chronicle」" Soundings of Tibetan Civilization, Edited by Barbara N. Aziz，Matthew T.Kapstein, New Dehli: Manabar, 1985, pp.135-146.

11 達倉宗巴・班覺桑布著、陳慶英譯，《漢藏史集》，第68-102頁。

佛教於西藏之傳播開始於吐蕃王國第一位贊普松贊干布之五世祖拉脫脫日年贊（lHa Tho tho ri gnyan btsan）時期。傳說當其六十歲時，天降寶物於其宮頂，其中有《佛說大乘莊嚴寶王經》（Za ma to bkod pa）、《諸佛菩薩名稱經》（sPang skong phyag brgya pa'i mdo）等佛經以及金塔等法器。這一看似神話的故事或有其歷史的根據，有藏文古史記載此佛教寶物實非自天而降，而是受 Li The se、吐火羅譯師 Blo sems mtsho 邀請從印度前往漢地的大班智達 Legs byin（Sudatta，譯言善施）帶入吐蕃的。而這位 Li The se 即有可能是一位漢僧。[12]唐代有自長安或洛陽經吐蕃、尼婆羅入印度的吐蕃尼婆羅道，是當時出使天竺的大唐使者和入西域求法漢僧入印度的道路之一。例如曾於唐初貞觀、顯慶年間（627-660）三次出使天竺的左驍衛長史王玄策就是經吐蕃尼婆羅道進入印度的，此可以於今西藏自治區吉隆縣境內發現的一通額題為《大唐天竺出使銘》為有力證據。[13]貞觀年間有玄照法師，「到土蕃國，蒙文成公主送往北天」。回程中，復「路次泥波羅國，蒙國王發遣，送至土蕃。重見文成公主，深致禮遇，資給歸唐。於是巡涉西番，而至東夏。」[14]可見，此前有漢僧隨印度高僧途經土蕃往還漢地是極有可能的。吐蕃有文字記載的文明史開始於松贊干布

12 參見Helga Uebach, Nel-pa Paṇḍitas Chronik Me-tog-phreng-ba, Handschrift der Library of Tibetan Works and Archives, Tibetischer Text in Faksimile, Transkription und Übersetzung; Studia Tibetica: Quellen und Studien zur tibetischer Lexikographie, Band I, München: Kommission für Zentral-und Ostasiatische Studien der Bayerischen Akademie der Wissenschaft, 1987, pp.85-87.Uebach先生認為Li The se這個名字既可能是于闐人名，亦可能是漢人名。

13 霍巍，《〈大唐天竺使出銘〉及其相關問題的研究》，《東方學報》，66，京都，1994年，第270-253頁；參見林梅村，《〈大唐天竺使出銘〉校釋》，《漢唐西域與中國文明》，北京：文物出版社，1998年，第420-442頁。

14 義淨原著、王邦維校注，《大唐西域求法高僧傳校注》，北京：中華書局，1988年，第9-11、27頁。

時代（581-649），傳說佛教亦於此時分別通過其從尼婆羅和唐朝迎娶的兩位公主傳入了吐蕃。歷來最受藏人崇拜、今天仍然見於拉薩大昭寺（Jo khang）的那尊被稱為 Jo bo 的如來佛像，相傳就是文成公主從長安帶到雪域的。文成公主自己亦還於邏娑（即今拉薩）建造了小昭寺（Ra mo che'i gtsug lag khang）。據傳當時就已有來自印度、尼婆羅和漢地的僧人與西藏本土的譯師一起翻譯佛經，其中的漢僧名 hva shang Mahā〔b〕de ba tshe，譯言和尚大樂壽。[15]而佛教真正於吐蕃得到廣泛傳播是在近一百年之後的赤松德贊（Khri srong lde btsan，742-797）時代。這個時代不僅是吐蕃王國軍事上的全盛時期，而且亦是文化上最繁榮的時期。在印度高僧寂護（Śantarakşita，Zhi ba'tsho）和蓮花生（Padmasambhava）兩位大師的幫助下，赤松德贊漸漸排除

---

15 János Szerb，Bu ston's History of Buddhism in Tibet，Wien: Verlag der Österreichischen Akademie der Wissenschaften, 1990, p.13. Demiéville 認定這一名字即為梵文的 Mahādheba〔Mahādeva〕，譯言「大乘天」，從而將他與玄奘法師認同為同一人。Paul Demiéville, Le concile de Lhasa.Une controverse sur le quitétisme entre Bouddhistes de l 'Inde et de la Chine au VIIIe siéle de l'ére chrétienne I.Bibliothéque de l'Institut des Hautes Études Chinoises Vol.VII, Paris, 1952, pp.11-12/n.4；同書有耿昇譯，《吐蕃僧諍記》，拉薩：西藏人民出版社，2001年，第16-18頁。顯而易見，這位於吐蕃譯經的和尚事實上與玄奘法師風馬牛不相及。吐蕃時代來自唐朝的漢僧被稱為和尚而於藏文文獻中被提及者有好幾位，dBa 'bzhed中曾提到一位隨金城公主來到吐蕃的老和尚，長住於小昭寺中，當佛教受到迫害而被迫東歸時曾留下隻履，預言佛教將於吐蕃復興。於藏族史家筆下，這位和尚還是位有神通的人物，曾為吐蕃大臣dBa'gSal snang兩位不幸夭折的子女的轉生作預言。詳見：Pasang Wangdu and Hildegard Diemberger, dBa'bzhed, The Royal Narrative Concerning the Bringing of the Buddha's Doctrine to Tibet, Translation and Facsimile Edition of the Tibetan Text, Wien: Verlag der Österreichischen Akademie der Wissenschaften, 2000, pp.36-38. 東嘎活佛於其身後出版的《西藏學大辭典》中稱：這位和尚於7世紀自漢地入藏，不僅弘揚佛法，而且還曾與吐蕃譯師達摩俱舍一起翻譯了醫書《醫術大論》(sMan dpyad chen po)。見東嘎活佛，mKhas dbang dung dkar blo bzang'phrin las mchog gis mdzad pa'i bod rig pa'i tshig mdzod chen mo shes bya rab gsal zhes bya ba bzhugs so，北京：中國藏學出版社，2002年，第2002頁。

外道，令佛教之顯、密二宗都於吐蕃得到了傳播，確立了佛教作為國教的地位，並於七七五年建造了吐蕃第一座佛教寺院桑耶寺（bSam yas），剃度了第一批佛教僧人，即所謂初試七人（sad mi mi bdun），並訓練譯師，組織翻譯了大量佛經。亦就在這一時期，漢地的禪宗開始於吐蕃流行。吐蕃曾於七六三年佔領了唐首都長安，亦曾多次遣使往漢地求法，其使者曾與著名的新羅禪僧金和尚無相有過接觸。[16]而當吐蕃於七八六年攻陷沙洲（敦煌），並詔禪師摩訶衍入吐蕃傳法後，禪宗曾一度成為吐蕃最受歡迎的佛法。許多早期的禪宗典籍被翻譯成藏文流傳，迄今已被從敦煌本藏文文獻中發現的就有菩提達摩的《二入四行論》[17]《楞伽師資記》[18]《七祖法寶記》(《歷代法寶記》)、[19]《頓悟真宗金剛般若修行達彼岸法門要決》[20]《頓悟大乘正

16 山口瑞鳳，《チベット佛教と新羅の金和尚》，《新羅佛教研究》，（東京，1973），第3-36頁；Pasang Wangdu and Diemberger，dBa'bzhed, pp.48-52。

17 即後世於敦煌所發現的、被日本學者習稱為《二入四行論長卷子》的《菩提達摩論》。此論當於八一二年以前就被翻譯成藏文而於吐蕃流傳，因為於lDen dkar Catalogue就提到了一部菩提達摩多羅所造的《禪書》(bSam gtan gyi yi ge)。而於dKar chag'phang thang ma亦提到了一部菩提達摩多羅所造之禪書（mKhan po bo dhi dha rma tas bshad pa las btus pa)。雖然這部《二入四行論》之藏文翻譯今已不存，然其片斷仍可見於敦煌藏文禪宗文書中。而《禪定目炬》(bSam gtan mig sgron）中則引述了《二入四行論》中的大部分內容。根據這些殘存於多種藏文文獻中的段落，我們幾乎可以復原《二入四行論》之藏文譯本。參見沖本克己，《チベット譯〈二入四行論〉について》，《印度學佛教學研究》，24：2（東京，1976），第992-999頁；Jeffrey L.Broughton, The Bodhidharma Anthology, The Earliest Records of Zen, Berkeley: University of California Press, 1999.

18 上山大峻，《チベット譯〈楞伽師資記〉ついて》、《佛教文獻の研究》（京都，1968），第191-209頁。

19 小畠鉅集允根據敦煌藏文文獻p.116、p.121、p.813等文獻中出現的一些段落明顯與《歷代法寶記》中的相關段落相同為由，得出了《歷代法寶記》曾被翻譯成藏文的結論。參見：小畠宏允，《チベットの禪宗と〈歷代法寶記〉》，《禪文化研究所紀要》，6（京都，1974），第139-176頁。然近年有中國學者於北京國家圖書館收藏的敦煌遺書中發現了一部題為《七祖法寶記》的殘卷，從其殘存內容來看，其前一部

理決》[21]等。可就在佛教於吐蕃王國內蓬勃發展之時，佛教內部卻發生了嚴重分裂。吐蕃出現了所謂頓門與漸門兩派之間的激烈衝突。最終導致了於西藏之歷史和文化、於其後西藏之宗教和哲學的發展均有持久影響的「桑耶僧諍」（the Great Debate of bSam yas），或稱「吐蕃僧諍」（the Great Debate of Tibet）。

於西藏之歷史和宗教傳統中，這場僧諍的過程大致被描述如下：和尚摩訶衍自漢地入吐蕃教授禪宗頓悟之說，主張行者當不思、不觀、全不作意而頓入無分別智，即頓悟成佛。他的教法深得吐蕃廣大信眾之歡迎；然與信奉寂護所傳中觀瑜伽行的漸門派所說背道而馳，後者主張行者當行六波羅蜜，依妙觀察智次第修行，最終證入無分別智。兩派之間於見地上的差別漸漸演化為包括使用暴力在內的嚴重衝突。赤松德贊不得不從尼婆羅請來了寂護的弟子蓮花戒（Kamalaśīla）上師，令其與和尚摩訶衍互說真宗，論議是非，以決正理。其結果和

分與同為敦煌遺書殘卷而被錄入《大正藏》No.2819的《諸經要抄》相同，而其後一部分內容則與《歷代法寶記》中的相關段落相同。見：華方田（整理），《七祖法寶記下卷》，收入方廣錩主編，《藏外佛教文獻》2，北京：宗教文化出版社，1996年，第133-165頁。亦參見沖本克己，《禪思想形成史の研究》，《研究報告》5，京都：國際禪學研究所，花園大學，1997年，第232-277頁。因P.t.121和P.t.813中所見與《歷代法寶記》相應之段落乃分別引自mKhan po bdun rgyud〔kyi nang〕與mKhan po bdun rgyud kyi bsam gtan gyi mdo，譯言《七祖傳承禪定經》，是故與其說是《歷代法寶記》被譯成了藏文，倒不如說是《七祖法寶記》被譯成了藏文更有可能。至於何謂「七祖」，尚無定論，p.t.116和P.t.821中僅稱「七祖之首為菩提達摩」。近有：程正，《〈七祖法寶記〉に關する一考察——特にその成立について》，《駒澤大學大學院佛教學研究會年報》37（東京，2004.5），第17-31頁。

20 上山大峻，《チベット譯頓悟真宗要決の研究》，《禪文化研究所紀要》8（京都，1976），第33-103頁。

21 Yoshiro Imaeda（今枝由郎），“Documnts tibétains de Touen-houang concernant le concile du Tibét” JA (1975), pp.125-146；上山大峻，《敦煌佛教の研究》（京都：法藏館，1990），第299-304、598-602頁。

尚摩訶衍敗北且被逐出吐蕃，而蓮花戒宣導的中觀瑜伽行次第修習論則被吐蕃贊普詔立為今後吐蕃佛教發展之正宗。

那麼這種於西藏之歷史與教法傳統中已作為「吐蕃僧諍」這一事件之傳統而被廣泛接受了的東西是不是就反映了當時之歷史的真實了呢？恐怕並不見得。依據敦煌藏、漢文文獻對「吐蕃僧諍」這一事件的重構已經表明，實際的故事與後世的表述（representation）之間存在著較大的差異。今天，人們甚至對究竟有沒有發生過這樣的僧諍都有懷疑，因為很難想像和尚摩訶衍和蓮花戒真的可以像後世藏文歷史文獻中所表述的那樣，就如此深妙的佛法精義作面對面的辯論。對辯論的結果，藏、漢文文獻亦各執一是。於藏文文獻中和尚摩訶衍是輸家，然於漢文文獻中，摩訶衍是贏家。例如《頓悟大乘正理決》中就稱：「至戌年正月十五日，大宣詔命曰：『摩訶衍所開禪義，究暢經文，一無差錯。從今以後，任道俗依法修習。』」[22]是故，儘管「吐蕃僧諍」已經結束了一千二百餘年了，可是有關它的爭論卻尚未結束。與這一事件於西藏歷史上之重要性相應，對它的研究亦是國際西藏學研究史上最重要、最多彩的一章。自二十世紀三〇年代以來，世界各國許多著名的學者都曾致力於對「吐蕃僧諍」的研究，他們的著作極大地豐富了我們對於這一事件的知識和其對於西藏之歷史與宗教之意義的理解。[23]然而正如 D.Seyfort Ruegg 先生曾經指出的那樣，「西藏學家們應當不僅僅只關心試圖重構於所謂的「桑耶僧諍」中實際發生

22 引自上山大峻，《敦煌佛教の研究》，第541頁。

23 自20世紀30年代《布頓佛教史》的英譯者E.Obermiller首開其端以來，全世界幾乎所有著名的西藏學家，包括不少著名的漢學家都曾或多或少地關心過對吐蕃僧諍的研究。其中對此有專門論著的主要有西方學者Marcelle Lalou, Paul Demiéville, Giuseppe Tucci, Rolf Stein, L.Gómez，西藏學者Samten Gyaltsen Karmay，日本學者上山大峻、山口瑞鳳、今枝由郎、沖本克己、木村隆德、小畠宏允、原田覺，中國學者饒宗頤等。

了些什麼，而且亦應當關心西藏之史學與教法傳統認為什麼東西是這一事件及其地域範疇（topos）之重要性，此即是說，亦要關心這一事件對於西藏文明之意義。」[24]於吐蕃僧諍這一事件，我們當同時注意兩種不同層次的歷史的研究，第一種是諸如 Demiéville，Tucci 和上山大峻等所作的研究，即對吐蕃僧諍這一事件本身的重構和對頓、漸雙方所持教義的分析和研究，而第二種當是對這一事件於西藏之歷史與教法類著作中的表述的研究，因為每一種歷史的表述並不只是為了記載這一事件的歷史真實，而是更多地反映了史家對當務的關心。[25]顯而易見，迄今為止有關吐蕃僧諍的研究大多數屬於上述之第一種研究，而較少注意第二種研究。[26]今天我們對「傳統的創造」（invention of tradition）這一概念已經不再陌生，知道於世界任何文明傳統中都曾出現過這樣的現象，即今天被人作為傳統接受的東西，實際上或多或少是後世的、人為的創造。這種現象亦常常出現於西藏

24 “The Tibetologist has then to concern himself not only with trying to reconstruct what actually occurred at the so-called ‘Great Debate’of bSam yas but with what the Tibetan historiographical and doxographical traditions considered to be the importance of this event andtopos, that is, with its meaning for Tibetan civilization.” D. Seyfort Ruegg, “On the Tibetan Historiography and Doxography of the ‘Great Debate of bSam yas’ ” Tibetan Studies: Proceedings of the5th Seminar of the International Association for Tibetan Studies, Narita1989, Vol.1, Buddhist Philosophy and Literature, edited by Ihara Shōren and Yamaguchi Zuihō, Naritasan Shinshoji, 1992, p.244.

25 Roger Jackson, “Sa skya Paṇḍita’s account of the bSam yas debate: history as polemic”, The Journal of the International Association of Buddhist Studies5 (1982), pp.89-99, especially 90.

26 Roger Jackson上揭文可以說是這類研究之首篇專題論文，儘管他文中所提出的觀點後來受到了David Jackson的尖銳批評（詳見後文），但他所作的這種嘗試無疑是很有意義的。繼續這種研究而做出了傑出貢獻的是Ruegg先生，其代表作是，Buddha-nature, Mind and the Problem of Gradualism in a Comparative Perspective.Jordan Lectures, 1987, London: School of Oriental and African Studies, University of London, 1989.

之歷史、文化傳統中。例如作為佛教之「他者」的苯教形象，即苯教作為西藏的原始宗教，與佛教先對立、對抗，後趨同、融和的歷史十有八九是後世史家的有意創造，西方學者幾十年來對苯教歷史的研究成果表明，苯教或根本就是大乘佛教的一支，只是其傳入的途徑、時間與正統的西藏佛教傳統不同，但根本不是什麼帶有薩滿教色彩的原始宗教。[27]西藏古代歷史中的許多重要內容，例如松贊干布的歷史，特別是有關他與佛教於西藏之傳播、觀音崇拜的關係等歷史內容，顯然也都是西藏佛教化以後的重構，無法作為信史來讀。[28]而西藏歷史、宗教傳統中有關「吐蕃僧諍」之敘述顯然又是「傳統的創造」的一個典型例子。於西藏佛教之「前弘期」（snga dar，結束於九世紀中）與「後弘期」（phyi dar，開始於十世紀末葉）之間有一個持續了一個多世紀的斯文掃地的黑暗時期，以致可供後弘期學者利用的有關吐蕃古代歷史的資料所存無幾，重構西藏古代歷史幾乎是一項不可完成的使命。他們所能做的只能是或者重新發現其歷史，或者建構一種傳統，或者二者兼而有之。其結果是，吐蕃僧諍於後弘期之藏文歷史文獻中看起來不像是一個真實的歷史事件，而更像是一個半歷史的範疇類型（topos），和尚摩訶衍已成了一個非歷史的、具有象徵意義的

27 Per Kvaerne, "The Bon religion of Tibet：A survey of research". The Buddhist Forum3 (1991-1993), Papers in honour and appreciation of Professor David Seyfort Ruegg's Contribution to Indological, Buddhist and Tibetan Studies, ed.by Tadeusz Skorupsky, Ulrich Pagel, London: School of Oriental and African Studies, University of London, 1994, pp.131-142.

28 Matthew T.Kapstein, "Remarks on the Mani bKa'-'bum and the cult of Avalokite s vara", Tibetan Buddhism: Reason and Revelation, ed.by S.Goodman and K.Davidson (Albany: SUNY, 1981), pp.79-94; Peter Schwieger, "Geschichte als Mythos-Zur Aneignung von Vergangenheit in der tibetischen Kultur, Ein Kulturwissenschaftlicher Essay" Asiatische Studien, Zeitschrift der Schweizerischen Asiengesellschaft, Bern: Peter Lang, 2000, pp.945-974.

人物，而吐蕃僧諍本身成了一個歷史與神話交雜的東西，或者說是一個「記憶之場」（locus of memory）。[29]

三　《禪定目炬》中所見和尚摩訶衍之頓門派教法

《禪定目炬》（bSam gtan mig sgron，日本學者通常譯作《禪定燈明論》），或稱《瑜伽目之禪定》（rNal'byor mig gi bsam gtan），乃藏傳佛教寧瑪派早期著名法師努氏佛智（gNubs chen Sangs rgyas ye shes）所造的一部有類於漢地判教類作品的論書。[30]作者將佛教依據證悟無分別智之修習途徑由低及高分成四類，即以印度中觀瑜伽行學說為主的漸門漸入派（rim gyis pa/tsen min）、以漢地禪學為主要內容的頓門頓入派（cig car ba/ston mun）、西藏密乘之摩訶瑜伽派（Mah'yoga/rNal 'byor chen po）和大圓滿法（rdzogs pa chen po/Atiyoga）等四大流派，[31]專章分述各派之見（lta ba）、修（sgom pa）、行（spyod）、果（'bras bu），並比較、判定各派見、修、行、果之優劣，以最終確立藏傳佛教寧瑪派所傳大圓滿法之至高無上的地位。漸門派與頓門派於該論書中不但各佔了一章，即第四章「說漸門派經論」（Tsen man rim gyis'jug pa'i gzhung bstan pa'i le'u）和第五章說「頓門派之傳軌」

29 Ruegg, "On the Tibetan Historiography and Doxography of the 'Great Debate of bSam yas' ", p.240.

30 gNubs-chen Sangs-rgyas ye-shes，rNal'byor mig gi gsam gtan or bSam gtan mig sgron, A treatise on bh'van'and dhy'na and relationships between the various approaches to Buddhist contemplative practice（後引用時簡稱《禪定目炬》），Reproduced from a manuscript made presumably from an Eastern Tibetan print by'Khor-gdon Gter-sprul'Chi-med-rig-'dzin, Leh 1974.

31 參見Herbert V. Guenther, "'Meditation'trends in early Tibet", Early Ch'an in China and Tibet, edited by Lewis Lancaster and Whalen Lai, Berkley: University of California Press, 1983, pp.351-356.

（sTon mun cig car'jug pa'i lugs），[32]而且其基本學說亦於該書之第二、三兩章中得到了介紹和比較。按照寧瑪派的傳統，努氏佛智生於七七二年，是赤松德贊贊普的同時代人，名列蓮花生大師於吐蕃之二十五位弟子之一。若此說屬實，他當親歷了「吐蕃僧諍」。然亦有人認為他是熱巴巾（Ral pa can）時代生人，且一直生活至吐蕃王國解體後的Khri bKra shis brtsegs pa dpal 時代。[33]而據 Samten Karmay 先生考證，《禪定目炬》或當成書於十世紀。[34]細究其論述頓門派一章所用資料，其絕大多數已不見於後弘期所存之藏文文獻中，而僅見於殘留於後世發現的敦煌藏文禪宗文獻中。因此，儘管《禪定目炬》直到一九七四年才重現人世，它無疑是藏文文獻中迄今所見最早的、亦是唯一的一種如此詳細地討論頓、漸兩派教法的論書，彌足珍貴。曾為 Tucci 高度重視的寧瑪派著名伏藏文獻《五部遺教》（bKa'thang sde lnga）中所見有關討論頓、漸兩派教法的內容，實際上絕大部分抄自《禪定目炬》。

細讀《禪定目炬》中有關漸、頓兩派的內容，首先引人注目的有兩點：一、於這部離「吐蕃僧諍」時間最近、且詳論頓、漸兩派教法的論書中，竟然隻字未提這一對吐蕃之歷史和宗教具有頭等重大意義的事件。雖然，它確實分別以蓮花戒和摩訶衍為漸悟與頓悟兩派各自的代表人物，但全書無一處提到他們之間有過的衝突。[35]二、《禪定目

---

32 漸門派章見於《禪定目炬》之65.1-118.4，而頓門派章則見於118.5-186.4中。這兩章之解題分別見：宮崎泉，《〈禪定燈明論〉漸門派章について》，《日本西藏學會會報》48（東京，2002.10），第43-50頁；乙川文英，《〈禪定燈明論〉研究（2）——第五章（頓門派章）の構成》，《印度學佛教學研究》43：2（東京，1995），第214-216頁。

33 'Gos gZhon nu dpal, The Blue Annals. Translated by George N.Roerich, Calcutta: Royal Asiatic Society of Bengal, 1949, p.108.

34 Samten Karmay, The Great Perfection, A Philosophical and Meditative Teaching of Tibetan Buddhism, Leiden：E.J.Brill, 1988, pp.99-101.

35 《禪定目炬》第一品「開示處所、誓言、前行、舍貪、解憂之義」（gnas dang dam

炬》判定漸悟、頓悟、摩訶瑜伽和大圓滿法是像梯級一樣由低及高、層層遞進的四種成佛途徑。[36]這即是說，在努氏佛智看來，傳說為「吐蕃僧諍」之贏家的漸門派所傳印度中觀次第修習法乃四種成佛途徑中最低級的一種，而傳說輸掉了「吐蕃僧諍」，且被逐出了吐蕃的頓門派所傳的禪宗頓悟說卻是高於漸悟說的一種禪修方法。對此，《禪定目炬》第二章，開示所作得方便、依止同品與功〔德〕、過〔患〕（Thabs thob par bya ba dang mthun pa bsten pa dang skyon yon bstan pa），開宗明義，直陳兩派之高低：

> 如是結束一切所作之業後〔指於完成禪修之一切準備工作之後——引者〕，亦即入義之時，按因乘之傳規，亦視根器利、鈍之差別分成二支，即漸悟與頓悟。於彼，漸悟者，為印度阿闍黎蓮花戒之主張（'dod gzhung），乃不了義之經（drang ba

---

bca'ba dang sngon du bya ba dang chags pa spang ba dang skyo ba bsang ba'i don bstan）中有一處曾同時提到了和尚摩訶衍和蓮花戒，意義不甚明確，大意是說這兩派的教法都已消亡。其云：「所聞者，一切因果之乘皆同，而義〔見、修、行、果〕者則不同，除彼〔總說〕之外，當得殊勝之教誡、耳傳之口訣。於彼因乘，世尊臨涅槃時傳教誡於迦葉，其後自〔菩提〕達摩多羅等傳至漢地七傳之末和尚摩訶衍，其後亦為吐蕃贊普和僧眾所有者，已滅〔朗達磨在位年間，尊者Ye shes dbang po遭難，故法相之阿闍黎傳承被滅〕。以現有彼等主張之諸書與蓮花戒所造之《次第修習》等可消除疑惑。後來於阿闍黎則不追隨，於內密咒師〔摩訶瑜伽〕，則有《方便大貪欲等持口訣》《教誡明點》等，及上下門之口訣，於增上瑜伽師者〔阿底瑜伽〕，則有《全無所作之口訣》，可自耳傳得之。」《禪定目炬》，第14-15頁。此段話看起來是說，自菩提達摩傳至和尚摩訶衍之教法，雖曾傳至吐蕃，但今已不傳。然其所提到的尊者Ye shes dbang po乃漸門派的代表人物，而且所謂「法相之阿闍黎」似乎更應該是指阿闍黎寂護，或阿闍黎Ye shes dbang po，所以指的當是漸門派。更有可能的是，這兒所說的意思是，至作者造此論時，不管是頓門派，還是漸門派之傳承皆已失傳，當時所能得而聞者，只有摩訶瑜伽和阿底瑜伽之傳承了。

36 《禪定目炬》，第61頁。

> don gyi mdo sde）、未普遍圓滿之論書（yongs su ma rdzogs pa'i gzhung）。頓入者（cig car'jug pa），乃迦葉與阿闍黎〔菩提〕達摩所傳者。——彼〔上師〕所傳之末、和尚摩訶衍之頓入論書者，乃普遍圓滿之經論。[37]

不僅如此，《禪定目炬》中還說，漸門派之次第修行以證法身，就像一步一步地往上攀登，最後登上山頂一樣（'dir yang dper/ ri bo che la'jog pa'ang gom gcig gom gnyis phyin pas/ rdol ba dang'dra bar / rgyal ba'i chos kyi sku bsgrub pa yang）；而頓門派之頓入無分別智就像一步登上了須彌山之巔，其它小山即使不見，亦已了然於胸（ri'i rgyal po ri rab kyi rtser phyin na/ ri bran ma bltas gsal ba bzhin go bar bzhed do）。[38]孰高孰低，一目了然。於詳述了漸門與頓門兩派之見、修、行、果之後，努氏佛智最後判定頓門派較之漸門派有方便（thabs）、入軌（'jug lugs）、行（spyod pa）、等持（ting nge'dzin）、改正分別（rnam rtog bcos pa）、除障（sgrib pa sbyong ba）、修（bsgrub pa）、資糧（tshogs）、證悟（rtogs pa）、利他（'gro don）等十大殊勝之處（khyad par bcu'phags）。具體而言，漸門有所作、有所為，而頓門無所作，是為方便之殊勝；漸門有所緣，頓門無所緣，故知無入，是為入軌之殊勝；漸門說依聞、思、修三慧而修（sgom gsum），多有所作，頓門說四行（spyod pa bzhi，即菩提達摩《二入四行論》中之「四行」），無所作，是為行之殊勝；漸門說專緣一境，頓門說自證無

---

37 《禪定目炬》，第24-25頁。「普遍圓滿之經論」原文作「yongs su rdzogs pa'i mdo sde'i gzhung」，Karmay以為所謂「頓入普遍圓滿」實際上就是指「普遍圓滿了義經」（nges pa'i don gyi mdo sde yongs su rdzogs pa），與前述漸悟派之「不了義未普遍圓滿之經論」相對。參見Karmay, The Great Perfection, A Philosophical and Meditative Teaching of Tibetan Buddhism, p.55, n.55.

38 《禪定目炬》，第65、118頁。

生、自明、不觀，是為等持之殊勝；漸門以對治改正分別，頓門安立分別自生自息，是為改正分別之殊勝；漸門為除障而不明，頓門說由因生果，是為除障之殊勝；〔漸門有自心而悟〕，頓門無自心而悟，是為修之殊勝；漸門為福德而積資糧，頓門圓滿等持二資糧，是為資糧之殊勝；漸門以修習二諦而得證悟，頓門證悟完全無生、無學、無自他，是為證悟之殊勝；漸門以身、語之所作利他，頓門以等持多作利他，是為利他之殊勝。[39]

《禪定目炬》如此明確地判定頓悟乃高於漸悟之修法途徑，至少說明及至其成書之時西藏尚無形成後世有關「吐蕃僧諍」之傳統，否則作者此論難免驚世駭俗。正因為沒有既定傳統之限制，作者才可以直書他自已對頓悟說的瞭解和認識。而他筆下的和尚摩訶衍之頓悟說亦與後弘期藏文文獻中的和尚摩訶衍及其頓悟說形成了強烈的對比。首先，努氏確認頓悟說自釋迦牟尼佛、迦葉和菩提達摩傳出，最後才傳到了和尚摩訶衍。[40]故和尚摩訶衍於吐蕃所傳之頓悟經論，是禪學之正宗，乃普遍圓滿之了義經，絕非如後世所認為的那樣是異端邪說。而且，教人頓悟並不是說不需要依持上師和了義經，相反頓悟之說是依上師之語錄與了義經為根據的。[41]作者以見、修、行、果四目詳述頓悟之理論與實踐，其文主要是對上師語錄與佛經之引述，只附

39 《禪定目炬》，第185-186頁。

40 這樣的說法至少延續到十二世紀時，於噶當派僧人lHa'Bri sgang pa所造的一部有關Rog Dol pa dmar zur ba Shes rab rgya mtsho (1059-1131) 之《藍色手冊》(Be'u bum sngon po) 的釋論中，我們見到了完全相同的說法。參見Helmut Eimer, "Eine frühe Quelle zur literarischen Traditionüber die 'Debatte von bSam yas' ", Tibetan History and Language: Studies Dedicated to Uray Géza on His Se-ventieth Birthday.Ed., E.Steinkellner, Wien: Wiener Studien zur Tibetologie und Buddhismuskunde. Vol.26, pp.163-172.

41 《禪定目炬》，第118-119頁。

以極少的評議。而其引文則主要來自傳說為禪宗始祖菩提達摩親傳的早期禪宗文獻《二入四行論》、王錫所撰詳錄和尚摩訶衍與婆羅門僧對決經義之過程的《頓悟大乘正理決》和今散見於眾多敦煌藏文禪宗文書中的禪師語錄以及《般若波羅蜜多經》《大寶積經》《楞伽經》《金剛經》《佛頂經》《大般涅槃經》《維摩經》《佛藏經》等多種佛經；而那些出自佛經的引文亦往往與《頓悟大乘正理決》《七祖法寶記》以及各種敦煌藏文禪宗文獻和無垢友尊者所造《頓入無分別修習義》等論書中所引述的內容相同。毫無疑問，作者是在詳細研究了當時他所能見到的所有已譯成藏文的與漢地禪宗有關的文獻之後才寫下這篇他對禪宗頓悟說之見、修、行、果之總結的。值得一提的是，這裏除了引述和尚摩訶衍之語錄外，作者還引述了許多著名的吐蕃大學者 sNa nam Ye shes dpal、La gsum rGyal ba byang chub、bZhi mchog gu rgyan、Le'u gZhon nu snying po、Mang bran dPal gyi rgyal mtshan、Lang'gro dKon mchog'byung gnas、Ka ba dPal brtsegs、Cog ro Klu'i rgyal mtshan 等人的語錄，甚至 Klu'i rgyal mtshan 之語錄還是其向贊普赤松德贊所說之法。如果說這些赫赫有名的吐蕃學者都曾是頓門派弟子的話，此不但說明吐蕃信仰禪宗頓悟說者確實為數眾多，而且他們當並沒有因受到「吐蕃僧諍」之牽累而受到打壓。這不由得讓人懷疑藏文歷史傳統中所說「吐蕃僧諍」之結局的真實性。

與後世將頓悟派之學說簡單化為不思不觀、全不作意不同，努氏佛智按見、修、行、果四目，對摩訶衍所傳禪宗頓悟說做了十分詳細、系統的分析。作者認為頓悟說之「見」，最根本的內容就是菩提達摩所說「二入四行」中的「理入」，即是說：「理入者，謂藉教悟宗，深信含生凡聖同一真性，但為客塵妄覆，不能顯了。若也舍妄歸真，凝注壁觀，自他凡聖等一，堅住不移，更不隨於文教，此即與理冥符，無有分別，寂然無為，名之理入。」[42]菩提達摩之「二入」是指入菩提道的兩種方法，「理入」是悟理，是見道，而「行入」是修行、是修道。[43]努氏佛智分別將菩提達摩之「理入」和「行入」作為頓悟派之「見」與「行」的根本內容顯然契合菩提達摩所傳「二入四行論」之本意。為了具體說明頓悟派之「見」，作者大量引用了禪師之語錄和佛經中的相關段落。其中禪師語錄中包括了《二入四行論長卷子》中的大部分內容，以及今見於敦煌遺書中的《諸禪師語錄》，其中包括多段和尚摩訶衍語錄。這些語錄中只有一條非漢地禪師，而是吐蕃著名大譯師 Ka ba dPal brtsegs 所說。作者最後總結頓悟之「見」有不求無生勝義，此即是真實、不求他果、於勝生普攝眾波羅蜜多、無始以來離諸邊、於法界離見與所見之境等種種功德。行者只有先依教（lung）、理（rigs pa）之門，妙悟此等功德，亦即「理入」之後，才可開始修行。[44]

頓悟之「修」，即是修無分別（ma rtogs〔rnam par mi rtog pa!〕bsgom pa），作者先說禪坐與安心之方法（lus kyis'dug thabs dang sems kyi bzhag thabs）。[45]其中禪坐，即所謂身之坐姿部分，引述了吉祥智（Ye shes dpal）、摩訶衍和 Lu 禪師之語錄，其中摩訶衍語錄云出自《小論》（lung chung）者即出自《頓悟大乘正理決》，其云出自《修習論》（sgom lung）者，與敦煌藏文遺書 S.t.468相同。[46]其中心內容

42 柳田聖山，《達摩の語錄》，東京：筑摩書房，1969年，第31-32頁；《禪定目炬》中兩次引用此「理入說」以說明頓悟說之「見」，見《禪定目炬》，第57-58、129頁。

43 參見印順，《中國禪宗史》，南昌：江西人民出版社，1999年，第9頁。

44 《禪定目炬》，第143-144頁。

45 參見乙川文英，《〈禪定燈明論〉研究（3）——インド.チベットの文獻に見られる禪定法をめぐって》，《佛教史研究》，38：2（京都，1995），第1-30頁。

46 參見御牧克己，《頓悟と漸悟：カマラシーラの〈修習次第〉》，《講座：大乘佛教 7：中觀思想》，東京，1982年，第230-231頁。

即為獨坐看心，即《頓悟大乘正理決》中所說之「返照心源看心」。而所謂安心法，即不思不觀，捨離一切分別，除得妄想及習氣。其中心內容亦如《頓悟大乘正理決》中所說，「想、若動、有無、淨不淨、空不空等，盡皆不思不觀。」「妄想起不覺，名生死；覺竟，不隨妄想作業，不取不住，念念即是解脫。」於引述眾禪師之語錄後，作者復引諸佛經之相關段落為佐證，然後得出如下結論：頓悟之禪坐與安心修法，全無所緣、不思、不持空與無生之義、自覺、不須像漸門派那樣一一安立，故被稱為「安心」。而這樣的修法比供養一切佛陀、度一切有情的福德還要大。[47]隨後，作者說頓悟之具體修法，即止觀雙運（zhi gnas lhag mthong zung du'brel），而修習止觀之本質則是認識凡顯現者即本覺、無生、自然光明，不持無生空義而光明是「觀」，不動不散是「止」，此二義同時光明而修習之本性亦被稱為「心一境」。[48]修習止觀不但可以利益眾生，而且還可以斷滅妄想（分別），得證菩提。

頓悟之「行」，說的是行者於出定之後的行為舉止。對此，《禪定目炬》全文引述了菩提達摩「二入四行論」中的「四行」，即所謂報怨行、隨緣行、無所求行和稱法行等，以此「四行」作為頓悟派所主張之「行」的主要內容。[49]顯然，作者並非如後世普遍認為的那樣，說頓門派的主張是虛無的、絕對的「全無所作」，而是認為頓悟派亦要求行者於悟入諦理、修習止觀之餘，還要本著悟入的見地，從實際生活中，從實際事行上去融冶，以消除無始以來之積習，得證菩提。具體而言，行者要本著自悟的境地，無怨憎，不驕奢，不貪著，不違世俗，恒順眾生，從克己中去利他，從利他中去銷融自己的妄想習

47 《禪定目炬》，第158-159頁。
48 《禪定目炬》，第159-160頁。
49 《禪定目炬》，第173-176頁。

氣，以此真正自利、利他，莊嚴無上菩提。[50]作者強調，雖然行者於修習等持時因修習空性所得之覺性即已經圓滿福德、智慧二資糧，故已無持、無貪，無需再作任何修行，亦無需特意作善業，就已經能夠證成圓滿佛身了。然而行、住、坐、臥等一切行止實際上皆與等持不可分離，都是菩提之位。而出定之時，行者知諸法如幻，故能棄惡具悲，作利他之行。所以，行者於出禪定之後作不捨善業之行，是與修習無分別相應不悖的。

頓悟派所說之「果」，亦即如此長期修、行之功德者，謂行者即使不吃不睡，亦依然根器敏銳，於一切均無貪嗔等。行者若長時間入定，有時眼前會出現眾多的佛或菩薩，有時會出現他心通等五種神通，有時亦會見到大蓮花之光等種種稀有，此一切皆是行於分別，是一時之魔，於此一切當無思、無貪。即使見到黃金佛身，相好莊嚴，與住世之佛完全一樣，亦不必頂禮，心中坦然。因為諸法無來無往，本性空寂，如來之身，即是解脫。故正法者不見不聞，如是想時，自見諸佛。如是見佛，心亦坦然，即使生十八種魔之所行境等，於彼亦不生喜。依此效驗，於利他不管行黑白之業，亦無所緣，不說為蓋障。只要善巧方便，則即使行於所受一切煩惱亦皆無過。如是即能頓時淨治蓋障，以不緣之力，證得普光地之果。

綜上所述，《禪定目炬》中對禪宗之頓悟說的分析是相當正面、理性的。一位生活於九、十世紀之吐蕃高僧已能如此系統地分析、總結漢地禪宗佛學之見、修、行、果，這實在令人歎為觀止。這充分表明漢藏兩族於佛教文化、思想的交流曾經達到過相當的高度。殊為遺憾的是，《禪定目炬》中這些對禪宗頓悟說的正面描述完全被後人遺

50 印順，《中國禪宗史》，第10頁。

忘，或視而不見，[51]沒有成為西藏有關和尚摩訶衍所傳頓悟說之傳統。於吐蕃佛教發展之後弘期，一方面再也沒有出現過像努氏佛智這樣對漢地禪學真有研究的西藏高僧，而另一方面和尚摩訶衍及其所傳教法於西藏之形象卻日趨惡劣。

四　sBa'/dBa'bzhed 和有關「吐蕃僧諍」之傳統的形成

聽起來頗為令人吃驚的是，西藏文化中有關「吐蕃僧諍」之傳統於被今人列為第一部藏文歷史著作的 sBa/dBa'bzhed[52]中就已基本底定，後出種種文獻中有關「吐蕃僧諍」之敘述（narrative）事實上都不過是它的不同的翻版而已。然而，這並不說明 sBa bzhed 中所說的這個故事就一定是歷史學家們苦苦尋求的「歷史真實」。至少於 sBa/dBa'bzhed 中被指為和尚摩訶衍所說的唯一的一段話，亦幾乎是後弘期藏人對和尚摩訶衍之頓悟說的全部理解，根本就不是摩訶衍之原話，而是其論辯對手蓮花戒於其名著《修習次第》中對頓悟派之觀點的再述。

迄今所知，sBa/dBa'bzhed 有許多不同的名稱，如 dBa'bzhed，rBa bzhed，Bla bzhed，rGyal bzhed，dPa'bzhed 等，有時亦被稱為

51 儘管《禪定目炬》直到一九七四年才被刊印而廣泛流傳於世，然其存在當早為西藏學者們所知。'Gos lots'ba gZhon nu dpal (1392-1481) 的《青史》(Deb ther sngon po, 1476-1478）中，就曾提到過它。George N.Roerich, et al., tr., The Blue Annals, Delhi 1976, pp.137, 145.

52 Dan Martin, Tibetan Histories, A Bibliography of Tibetan-language Historical Works, London: Serindia Publication, 1997, p.23. 作者將sBa'bzhed之成書年代定為「late 700's and following centuries?」，故為第一部藏文史書，而第二部藏文史書則出現於「1000's」。亦見A.I. Vostrikov, Tibetan Historical Li-terature.Sovjet Indology Series No.4. Indian Studies, Calcutta, 1970〔1936〕, pp.24-26.

《桑耶寺志》（bSam yas dkar chag chen mo）、《桑耶遺教》（bSam yas bka'thang）、《盟誓之書》（bKa'gtsigs kyi yi ge）、《華翰之書》（bKa'mchid kyi yi ge）等。其內容主要是敘述佛教如何傳入吐蕃的歷史，體例則有類於後世之「教法源流」（chos'byung），但比後者更重編年。其中尤以對赤松德贊在位時寂護、蓮花生兩位來自印度的大師於吐蕃傳法的經過、桑耶寺的建立以及「桑耶僧諍」的記載最為詳細。據稱此書乃吐蕃王朝著名貴族'Ba/dBa'氏家族之 gSal snang 所傳，此人乃赤松德贊朝之名臣，亦是「桑耶僧諍」之直接參加者，由他親傳的這部 sBa/dBa'bzhed 是後弘期學者們可以找到的唯一的一部珍本古史。然說其古，其實亦只是相對而言。就像它有種種不同的名稱一樣，它亦有種種不同的版本，既有詳、中、略三個本子（rgyas bsdus'bring gsum），又有正本（khungs ma）、淨本（gtsang ma）、雜本（lhad ma）和附錄本（zhabs btags ma）等各種版本。現在傳世的三個本子嚴格說來都不能算是古本，因為最早的一種亦只是十一世紀的產品，次早的則出自十二世紀，而最後的更是於十四世紀成書的。顯然，dBa'gSal snang 不可能是此書的唯一作者，sBa/dBa'bzhed 的原型或當形成於十世紀中期，其後則常被人增減，故至今無一定本傳世。[53] 儘管如此，sBa/dBa'bzhed 於藏文歷史編撰學（historiography）上有極為重要的意義，後世對吐蕃王朝歷史的重建基本上都以它為依據。著名的西藏史書《賢者喜筵》（mKhas pa'i dga'ston）更是將整本 sBa/dBa'bzhed 都轉錄到了自己的書中，這等於說是完整地保留了

53 參見Per Sørensen, "dBa'/sBa bzhed: The dBa'〔s〕/sBa〔clan〕Testimony including the Royal Edict (bka'gtsigs) and the Royal Narratives (bka'mchid) concerning the bSam yas vih'ra", Pasang Wangdu and Diemberger, dBa'bzhed, preface, pp.IX-XV; introduction, pp.1-21.

sBa/dBa'bzhed 的一個特殊的版本。[54]

儘管最早是因為《布頓教法源流》（Bu ston chos'byung）中的有關記載引起了現代學者對「吐蕃僧諍」的注意，但 sBa/dBa'bzhed 中對於「吐蕃僧諍」之記載無疑是包括《布頓教法源流》在內的所有後弘期藏文史書中同類記載的母本。顯而易見，今天已為研究西藏佛教之學者們所熟悉的敦煌藏文禪宗文獻並不為後弘期之藏族學者所知，因此他們只能將他們對和尚摩訶衍之頓悟說的理解構築於 sBa/dBa'bzhed 中對於「吐蕃僧諍」的記載之上。據 Faber 先生早年的研究，sBa/dBa'bzhed 幾種版本中對「吐蕃僧諍」的記載，特別是它對和尚摩訶衍之教法的表述基本相同。[55]晚近發現於拉薩、經巴桑旺堆（Pasang Wangdu）和 Diemberger 合譯成英文而為世人所知的 dBa'bzhed 是迄今所見各種本子中成書最早的一種，它對「吐蕃僧諍」的記載當可被認為是最原始的一種。其中所述故事如下：和尚摩訶衍從中原來到吐蕃，其所傳教法雖然得到了廣大吐蕃僧眾的歡迎，但因其與先前寂護所傳教法有異，引起了僧人間的爭議。贊普多方設法，卻無法解決爭端。和尚弟子中有名 Myang Sha mi、gNyags Bi ma la、gNyags Rin po che、rGya 者不惜以死抗爭。還有其它弟子持刀脅逼贊普，揚言要殺盡漸門派弟子，並於王宮前與其同歸於盡。贊普無奈，設法請回 dBa'Ye shes dbang po，以商討對策。後者以寂護臨終

54 dPa'bo gTsug lag phreng ba, Dam pa'i chos kyi'khor lo bsgyur ba rnams kyi byung ba gsal bar byed pa mkhas pa'i dga'ston (《賢者喜筵》)，stod cha, Beijing: Mi rigs dpe skrun khang, 1986, pp.390-405.

55 sBa/dBa'bzhed 中有關「吐蕃僧諍」的記載迄今已有兩種英文譯文可供參考，即 G.W.Houston, Sources for a History of the bSam yas Debate, Sankt Augustin: VGH Wissenschaftsverlag, 1980, pp.57-87; Pasang Wangdu and Diemberger, dBa'bzhed, pp.76-89。而對 sBa/dBa'bzhed 中有關「吐蕃僧諍」的記載的比較研究見：Flemming Faber, "The council of Tibet according to thesBa bzhed", Acta Orientalia47 (1986), pp.33-61.

前所作授記為依據，建議贊普遣使往尼婆羅迎請寂護之弟子蓮花戒來吐蕃解決教法之爭端。於是，贊普立即遣使往迎蓮花戒。與此同時，頓門派師徒於桑耶寺的禪定洲院（bSam gtan gling）內閉門二月，研究《十萬頌般若婆羅蜜多經》，為僧諍作準備。一待蓮花戒到達，贊普便於桑耶寺之菩提洲（Byang chub gling）內主持了這場僧諍。贊普居中，和尚、蓮花戒分坐於其右、左兩方之獅子座上。其後排，亦分別由頓、漸兩派弟子坐定。其中頓門派弟子甚多，而漸門派只有 dBa'dPal dbyangs 和 dBa'Rad na 等數人而已。贊普先陳述舉行此次辯論之緣起，並賜和尚和蓮花戒花鬘各一枝，令其開辯，並令拙於理論者（gtan tshigs ngan pa）將花鬘獻給善於理論者（gtan tshigs bzang po）。辯論以和尚摩訶衍陳述頓門派觀點開始，緊接著由蓮花戒反詰，然後贊普令雙方弟子各抒己見，頓門派中無人應答，漸門派則有'Ba'Sang shi 和 dBa'dPal dbyangs 二人長篇大論。頓門無言以對，遂獻花鬘認輸。最後贊普宣佈頓門之說有害於十法行，既令心識掉舉，又不積資糧，將有礙他人修心，使正法遭難，故當禁止。今後，當隨龍樹之見，依聞、修、思三慧而修止觀。換言之，今後吐蕃之佛教當隨 Ye shes dbang po 和寂護所定的漸門派傳統。[56]至遲於十二世紀時，這一種有關「吐蕃僧諍」的記載已是西藏人對於這一事件的共識。不管是寧瑪派，還是噶當派，他們對「吐蕃僧諍」的記載都與此基本一致。[57]而此後所出之藏文文獻中的相關記載亦都以此為基調。

---

56 Pasang Wangdu and Diemberger, dBa'bzhed, pp.76-88.

57 參見Faber，"The council of Tibet according to thesBa bzhed"; Eimer, "Eine frühe Quelle zur literarischen Traditionüber die 'Debatte von bSam yas' ". 亦參見：L.van der Kuijp, "Miscellanea to a recent contribution on/to the Bsam-yas Debate", Kailash, 11/3-4 (1984), pp.149-184. Eimer先生的研究顯示，分別見於噶當派上師lHa'Bri sgang pa所造之《藍色手冊釋論》（bKa'gdams kyi man ngag Be'u bum sngon po'i'grel pa）、寧瑪派上師Nyang Nyi ma'od zer所造《教法源流——華藏》（Chos'byung me tog snying po）和

因為 sBa/dBa'bzhed 是迄今所見最早出現有關「吐蕃僧諍」之記載的藏文文獻，故從藏文文獻學的角度很難推倒它所建立起來的這一有關「吐蕃僧諍」的傳統。可以從歷史學的角度質疑 sBa/dBa'bzhed 中的說法的只有遠早於其成書的敦煌本漢文文書《頓悟大乘正理決》。後者對「吐蕃僧諍」的經過是這樣描述的：

> 首自申年，我大師（摩訶衍）忽奉明詔，曰婆羅門僧等奏言：漢僧所教授，頓悟禪宗，並非金口所說。請即停廢。……於是〔摩訶衍〕奏曰：伏請聖上於婆羅門僧責其問目，對相詰難。校勘經義，須有指歸，少似差違，便請停廢。帝曰：俞。婆羅門僧等以月繫年，搜索經義，屢奏問目，務掇瑕疵。我大師乃心湛真筌，隨問便答。若清風之卷霧，豁睹遙天。喻寶鏡以臨軒，明分眾像。婆羅門等隨言理屈，約義詞窮，分已摧鋒，猶思拒轍。遂復眩惑大臣，謀結朋黨。有吐蕃僧乞奢彌尸、毗磨羅等二人，知身聚沫，深契禪枝，為法捐軀，何曾顧己？或頭染熾火，或身解霜刀，曰吾不忍見朋黨相結，譭謗禪法，遂而死矣。又有吐蕃僧三十餘人，皆深悟真理，同詞而奏曰：若禪法不行，吾等請盡脫袈裟，委命溝壑。婆羅門等乃瞠目捲舌，破膽驚魂，顧影修牆，懷慚戰股。既小乘轍亂，豈復能軍。看大義旗揚，猶然賈勇。至戌年正月十五日，大宣詔命曰：「摩

sBa bzhed中的三種有關「吐蕃僧諍」的記載完全一致，當出於同一根源，而且這三種著作當皆是十二世紀時的作品。不過，lHa'Bri sgang pa書中提到「頓門派之傳軌乃聖者迦葉傳予阿闍黎菩提達摩多羅，達摩多羅將此頓入之傳軌從外海之邊廣傳到了漢地。後來漢地之和尚摩訶衍來到了桑耶，〔又將此法傳到了吐蕃〕。」這樣的記載不見於《禪定目炬》《五部遺教》以外的其它文獻中，故作者有可能曾利用過sBa bzhed以外的文獻。

> 訶衍所開禪義，究暢經文，一無差錯。從今以後，任道俗依法修習。」[58]

顯然，《頓悟大乘正理決》中所記載的僧諍之結局和過程都與 sBa/dBa'bzhed 中的記載完全不同。鑒於作者之頓門派立場，我們無法據此而全盤推翻 sBa/dBa'bzhed 的記載，但觀察這兩種記載間的異同，有助於我們對這一事件之真相的認識。《頓悟大乘正理決》所說的僧諍，實際上不是面對面的論爭，而是雙方紙上談兵。雖然，它亦詳細地記錄了和尚摩訶衍的幾位吐蕃弟子以自殘等行為作抗爭的故事，但它們聽起來更像是捍衛勝利，反擊朋黨相結、譭謗禪法的英勇行為，而不像 sBa/dBa'bzhed 中所記載的那樣，像是被擊敗後出於絕望而孤注一擲。可見，同一件事情於不同的背景下可以得到完全不同的詮釋。

值得注意的是，sBa/dBa'bzhed 中對僧諍之實際內容的記錄顯然比例失調。作為僧諍雙方之主角的和尚摩訶衍和蓮花戒，並沒有說很多話，而作為代表漸門派參與辯論之配角的'Ba'Sang shi 和 dBa'dPal dbyangs 反而留下了長篇大論。然令人吃驚的是，sBa/dBa'bzhed 中記錄下的據稱是和尚摩訶衍於僧諍時所說的寥寥數語，竟然幾乎就是後世藏人對和尚之學的全部瞭解。後人提到和尚之學時往往只是轉引這幾句話，或對此稍加增減。這幾句話是：

> 和尚曰：諸法生自心之妄想（分別），有情因善業與惡業而受善趣與惡趣之果，流轉於輪迴之中。孰個若無所思、無所作，則將完全脫離輪迴。是故，當無所思。施等十法行者，乃為無

58 轉引自上山大峻，《敦煌佛教の研究》，第541頁，句讀標點為引者所加。

福、少智之凡夫、鈍根所說。於宿昔已淨治者、利根，則善業、惡業，皆是蓋障，即如不管白雲、黑雲，皆遮蔽太陽一樣。是故，若無所思，無分別，無所行，則能不觀而頓入，與十地同。[59]

與《禪定目炬》中以見、修、行、果四目對和尚摩訶衍之教法所作的系統分析相比，這一段話顯然不足以概括和尚摩訶衍於吐蕃所傳禪法的主要內容。具有諷刺意義的是，我們無法於《頓悟大乘正理決》等歸之於和尚摩訶衍的著作中找出上引這一段話的原本來，然而卻在據稱是蓮花戒應贊普之請專門為批判和尚之誤見而造的第三部《修習次第》（sGom pa'i rim pa tha ma）中找到了幾乎一模一樣的段落。[60]更有甚者，sBa/dBa'bzhed 中所記錄的蓮花戒、'Ba'Sang shi 和 dBa'dPal dbyangs 破斥摩訶衍的那些話，竟亦都能在《修習次第》中找到。[61]且不說用辯論一方對另一方之觀點的再述作為對方之原話引述是否恰當，更不禁令人懷疑的是：sBa/dBa'bzhed 中所記錄的那場面對面的辯論是否整個就是作者以《修習次第》為根據虛構、演繹出來的呢？顯然，我們有理由推測，sBa/dBa'bzhed 中有關「吐蕃僧諍」的說法很可能整個就是一個創造出來的傳統。

而且，這一傳統的創造顯然還不是一次完成的。如前所述，sBa/dBa'bzhed 有多種成書於不同時間的不同的版本。其中有一種本

---

59 參見Pasang Wangdu and Diemberger, dBa'bzhed, pp.80-81; Faber, "The council of Tibet according to thesBa bzhed", pp.45-46.

60 《西藏文大藏經》，京都，1932年北京版，第5312號，第102卷，第38/5.7-39/1.1頁。

61 參見Faber，"The council of Tibet according to the sBa bzhed", pp.48-49; Houston, Sources for a History of the Sam yas Debate, p.62.

子是上個世紀八〇年代於中國出版的，通常以為成書於十二世紀。[62] 其中出現了據稱是根據另一種傳軌（或版本 yang lugs gcig la）記錄的另一種有關「吐蕃僧諍」的傳統。其云：

> 時有一位漢地的僧人，他說：句者無義，依名言之法不能成佛。若悟心，即是萬應靈丹（dkar po chig thub），[63]有此足矣！其造有《禪定臥輪》（bSam gtan nyal ba'i'khor lo）、《禪定論》（bSam gtan gyi lon）、《禪定再論》（Yang lon）、《見之面》（lTa ba'i rgyab sha）和《八十種真經》（mDo sde brgyad bcu khungs）等五論作為其法軌之論書。從此，漢地之法軌即此萬應靈丹者，傳遍所有吐蕃之地。

隨後，當蓮花戒向和尚摩訶衍發問，請教何謂漢地之法軌時，摩訶衍答道：

> 依爾等之法軌，當先皈依、發菩提心，就像是猴子爬樹，循序上陞一樣。然依我等之法軌，依所作、能作之法不能成佛。只有修無分別、悟心，方可成佛，就像是金翅鳥自天空降落於樹頂上一樣，乃上降之法，[64]亦即萬應靈丹也。

---

62 sBa bzhed ces bya ba las sBa gsal snang gi bzhed pa bzhugs, edited by mGon po rgyal mtshan, Beijing: Mi rigs dpe skrun khang, 1980；參見：Pasang Wangdu and Diemberger, dBa'bzhed, p.1.

63 "dkar po chig thub" 或譯「唯一白法」，英譯有"the one key to realization", "the white panacea」，「enlightenment by a single means"。

64 參見David Jackson, "Birds in the Egg and Newborn Lion Cubs: Metaphors for the Potentialities and Limitations of 'All-at-one' Enlightenment", Tibetan Studies, Proceedings of the5th Seminar of the International Association for Tibetan Studies, Narita1989, vol.1, Naritasan Shinshoji, 1992, pp.95-114, especially, p.96.

緊接著，蓮花戒破斥了摩訶衍所說的兩個比喻以及修無分別和悟心之說，令後者無言以對。贊普令其將花鬘獻給蓮花戒，並請求後者寬恕。還規定從今以後行者當修習符合教、理的印度佛法，廢止「萬應靈丹」之法，若有修此法者，將受到懲罰。於是，漢文書籍被搜羅起來，作為「伏藏」藏於桑耶寺中。而和尚本人被趕回原地，走的時候還留下了一隻鞋子，預言正法行將毀滅之際，他的教法將捲土重來。後來的善知識們說這位漢地的和尚雖不懂正法，但對相術卻略知一二。今日有人將真實可信之法拋在一邊，卻希求悟心成佛，走上了求「萬應靈丹」之路。此或當就是應驗了和尚之預言。[65]於此，和尚摩訶衍所傳之禪法又一變而為「萬應靈丹」了，這顯然又是一個新創造出來的傳統。這兒提到了「後來的善知識們」，說明這些內容顯然是後人添加的，而他們所作的評論亦顯然是含沙射影，另有所指。「萬應靈丹」是藏傳佛教噶舉派所傳大手印法的一個別稱，其它教派或有不喜大手印法者，如薩思迦班智達等，即將和尚摩訶衍之頓悟說亦說成了「萬應靈丹」，將這一已經被認定為錯誤的東西與噶舉派的「萬應靈丹」劃上等號，以此作為攻擊噶舉派的一個有力工具。

五　薩思迦班智達對「桑耶僧諍」之記載——作為辯論文章的歷史

一九八二年，Roger Jackson 發表了一篇題為《薩思迦班智達對

65 sBa bzhed ces bya ba las sBa gsal snang gi bzhed pa bzhugs, p.73. 參見Faber，“The council of Tibet according to thesBa bzhed”, pp.54-57. 值得一提的是，sBa bzhed並不是唯一一種將摩訶衍之頓悟說解釋為「萬應靈丹」的早期藏文文獻。同樣的記載亦已經出現於Nyang Nyi ma’od zer所造《教法源流——華藏》，這說明至遲於十二世紀早期，這種說法就已經流傳開了。

「桑耶僧諍」之記載——作為辯論文章的歷史》的文章，引起了同行的尖銳批評和激烈爭論。Jackson 於其文中介紹了薩思迦班智達公哥監藏（Sa skya Paṇḍita Kun dga'rgyal mtshan, 1182-1251）於其名著《能仁密義明論》（Thub pa'i dgongs pa rab gsal）中對「桑耶僧諍」的表述，和他於另一部名著《三律儀差別論》（sDom gsum rab dbye）中將和尚摩訶衍之「萬應靈丹」說與噶舉派的大手印法和寧瑪派的大圓滿法相提並論的說法，提出：「薩思迦班智達將和尚於『桑耶僧諍』中所開示之教法體系說成是『萬應靈丹』純粹是爭辯式的年代錯置之一例（simply a case of polemical anachronism），是一種將與班智達同時代的敵手和一個早已聲名狼藉的歷史人物相提並論以敗壞前者名聲的嘗試。他的理由是：一、沒有其它文獻提到過『桑耶僧諍』中的漢傳頓悟派〔學說〕是『萬應靈丹』；二、沒有證據說明有任何漢傳佛教學派被稱為『萬應靈丹』；三、沒有其它跡象表明，『萬應靈丹』說早已存在於八世紀時；所有證據表明，『萬應靈丹』是噶舉派傳統內的教法，而這個傳統主要可溯源於八世紀以後的印度；四、薩思迦班智達對『萬應靈丹』和其它大手印教法的激烈反對給其以敗壞他們名聲的動機。」[66]然而，他的四條論據，特別是其中的第一條和第四條，受到了其它學者的挑戰和批評。[67]從文獻學的角度來看，Roger Jackson

66 Roger Jackson, "Sa skya Paṇḍita's account of the bSam yas debate: history as polemic", p.96. 與其類似的論文還有：M.Broido, "Sa skya Paṇḍita, the White Panacea and the Hva-shang Doctrine", The Journal of the International Association of Buddhist Studies10 (1987), pp.27-68.

67 David Jackson不但先著長文予以反擊，而且最後還著專書詳論其事。參見David Jackson, "Sa-skya Paṇḍita the 'Polemicist': Ancient Debates and Modern Interpretations", Journal of the International Association of Buddhist Studies13：2 (1990), pp.17-116；David Jackson, Enlightenment by a Single Means, Wien: Verlag derösterreichischen Akademie der Wissenschaften, 1994. 參與這場論戰的還有L.van der Kuijp, "On the Sources for Sa-skya Paṇḍita's Notes on the bSam-yas Debate", Journal of the International Association of Buddhist Studies, 9 (1986), pp.147-153.

的文章顯然有很多的漏洞，因為薩思迦班智達確實不是第一位，亦不是唯一的一位西藏大德將和尚摩訶衍之學說說成是「萬應靈丹」，並將它與噶舉派的大手印法、寧瑪派的大圓滿法相提並論的。薩班於《能仁密義明論》中那段對「桑耶僧諍」的記載不是他的原創，而是原文抄錄了上文引述的 sBa/dBa'bzhed 中據稱是根據另一種傳軌（或版本）記錄的另一種有關「吐蕃僧諍」的傳統。[68]而他在其《致善士書牘》（sKyes bu dam pa rnams la springs pa'i yige）中的那段有關和尚摩訶衍之教法的記述又完全抄自 Nyang Nyi ma'od zer 的《教法源流——華藏》。[69]此即是說，薩班這兒所跟隨的實際上是在他之前一個世紀就已經確定了的一種傳統。而且將噶舉派的大手印法、寧瑪派的大圓滿法與和尚摩訶衍之頓悟教法，或者說「萬應靈丹」法拉上關係，肯定亦不是從薩班開始的。除了前引 sBa/dBa'bzhed 文中就已提到有「後來的善知識們」批評，「今日有人將真實可信之法拋在一邊，卻希求悟心成佛，走上了求『萬應靈丹』之路。『《禪定目炬》於其專論頓門教法一章結束時還特意說明』因頓門與大圓滿法相似，因〔有人〕有疑亂，故作詳細安立。」[70]這或可說明，早在《禪定目炬》成書時的十世紀，或更早的時候，就已經有人對禪宗頓悟說與寧瑪派的大圓滿法之間是否存在淵源關係提出了疑問。

---

68 原文見於：The Complete Works of Paṇḍita Kun-dGa'-rGyal-mTshan, compiled by bSod-nams-rGya-mTsho; vol.5 ofThe Complete Works of the Great Masters of the Sa-skya Sect of Tibetan Buddhism, Bibliotheca Tibetica 1-5, Tokyo: The Toyo Bunko, 1968, pp.24/4/3-26/1/4. 其英文譯文見於Roger Jackson, "Sa skya Paṇḍita's account of the bSam yas debate: history as polemic", pp.91-93; David Jackson, Enlightenment by a Single Means, pp.177-185.

69 參見Faber, "The council of Tibet according to thesBa bzhed", pp.53-54; David Jackson, Enlightenment by a Single Means, pp.169-175.

70 "ston mun dang rdzogs chen cha'dra bas gol du dogs pa'i phyir rgyas par bkod do"，《禪定目炬》，第186頁。

儘管如此，我們無法否認包括薩班在內的西藏後弘期高僧確有借古諷今、以歷史服務於現實的教派之爭的傾向，將已被西藏傳統否定了的和尚摩訶衍的教法作為否定大手印或大圓滿法的工具。從薩班著作中有關「桑耶僧諍」的描述不是抄錄自 sBa/dBa'bzhed，就是轉引 Nyang Nyi ma'od zer 的《教法源流——華藏》這一事實說明，後弘期的學者因失去了與前弘期曾經存在過的種種藏譯禪宗文獻的聯繫，而缺乏對禪宗頓悟說的全面、正確的瞭解和認識。對他們說來，傳說於「桑耶僧諍」中落敗的和尚摩訶衍及其教法已經成了一種固定的符號，是錯誤和異端的象徵，所以將它與其現實教派之爭中的對手相提並論就一定會起到貶損後者的實際效果。當然，要在曾經於八世紀於吐蕃流傳、但據稱很快被驅除出吐蕃的和尚摩訶衍之頓悟說和主要於十二世紀才於西藏發展起來的噶舉派的大手印法之間建立一種可信的歷史聯繫顯然不是一件容易的事情。由於前弘期藏譯禪宗文獻之喪失，使得通過文獻依據來建立兩者間的聯繫亦同樣不可能。為此西藏史家巧妙地設計了一種非歷史的，但符合西藏文化傳統的聯繫。前述 sBa/dBa'bzhed 另一種傳軌中出現了這樣的記載，說和尚摩訶衍於其被驅逐出吐蕃以前不但留下了一隻鞋子，而且還將漢文經書搜羅起來，將它們作為「伏藏」（gter ma）隱藏於桑耶寺中。而這些「伏藏」，後來通過「密意藏」（dgongs gter）的形式傳給了後世的上師。於是，和尚摩訶衍之教法便於後弘期一些教派所傳的教法中得到復活，漢傳禪法與大手印法之間的一種特殊的聯繫就這樣被人為地建立了起來。儘管這樣的故事並不見於 sBa/dBa'bzhed 之較早的本子中，後人亦有對這種說法提出質疑的，因為 sBa/dBa'bzhed 中明明記載於被驅趕回去前曾留下一隻鞋子，並聲稱他的教法將於吐蕃再度輝煌的那位和尚並不是和尚摩訶衍，而是隨金城公主入藏、常居小昭寺的另一位早於摩訶衍來到吐蕃的老和尚。[71]但是為了於頓悟派與大手印派之間建立起某種特殊的聯繫，西藏史家不惜再次將年代錯置。有意思的是，雖然薩班清楚地知道於其它《遺教之書》（bKa'chems kyi yi ge）的記載中不是和尚摩訶衍，而是另一位和尚留下了一隻鞋，並作了此等預言，[72]但他依然不懷疑和尚摩訶衍與大手印法之間存在有特殊的關係，所以才如此肯定地說：「今日之大手印法和漢傳之大圓滿法，除了將兩個名稱從漸悟與頓悟改成了上降與下升之外，於實質上沒有什麼不同。」[73]

需要強調的是，除了這種人為地製造出來的聯繫之外，迄今為止沒有人找出任何線索，說明由達波噶舉派之創始人 sGam po pa（1079-1153）率先提出，後由其弟子喇嘛 Zhang Tshal pa（1123-1193）、sGom pa Tshul khrims snying po（1116-1169）等人推廣的所謂「萬應靈丹」法，到底與和尚摩訶衍所傳教法有什麼實際的聯繫。不管是於漢文、還是藏文禪宗文獻中，我們都沒有見到過將摩訶衍之教法稱為「萬應靈丹」，或者類似的稱呼。前引 sBa/dBa'bzhed 中和尚所說的那句話，即「句者無義，依名言之法不能成佛。若悟心即是萬應靈丹，有此足矣」，顯然不是摩訶衍之原話。唯一可與「萬應靈丹」說扯上關係的是《頓悟大乘正理決》中的一段問答，其云：

---

71 參見：Pasang Wangdu and Diemberger，dBa'bzhed, pp.37-37. 藏文史書中多有對這一張冠李戴的現象提出批評的，如廓譯師軟奴班（'Gos lo gZhon nu dpal），《青史》（Deb ther sngon po），上冊，成都：四川民族出版社，1984年，第66頁。事實上，這只鞋子本來是菩提達摩留在漢地的，這個母題（motiv）顯然來自漢文禪宗文獻中著名的菩提達摩「隻履西歸」的故事，此容後述。

72 語出《能仁密意明論》，見David Jackson, Enlightenment by a Single Means, p.184.

73 "da lta'i phyag rgya chen po dang//rgya nag lugs kyi rdzogs chen la// yas'bab dang ni mas'dzegs gnyis// rim gyis pa dang cig char bar// ming'dogs bsgyur ba ma gtogs pa// don la khyad par dbye ba med." 語見薩思迦班智達，《三律儀差別論》，The Complete Works of Paṇḍita Kun-dGa'-rGyal-mTshan, p.309/2/5-6.

> 問：萬一或有人言《十二部經》中云：三毒煩惱合治。準用無心想，離三毒煩惱不可得。《寶積經》中說，療貪病用不淨觀藥醫治，療嗔病用慈悲藥醫治，療愚癡病須因若不用對治緣和合藥醫治。如是應病與藥，以對治為藥，各以方藥治，則三毒煩惱始得除根本。又喻有一囚，被枷鎖縛等，開鎖要鑰匙，脫枷須出釘鍱，解縛須解結，獄中拔出須索稱上，過大磧須與糧食，具足如是，方得解脫。開[illegible]喻解脫貪著，出釘喻解脫嗔恚，解結喻解脫愚癡，獄中稱上喻拔出三惡道，糧食喻度脫輪迴大苦煩惱，具足如是等，則得煩惱除盡。若枷鍱不脫，獄中不拔出，不與糧食，若枷[illegible]等，以衣裳覆之，雖目下不見枷鍱，其人終不得解脫。既知如此，準修無心想，擬除煩惱者，暫時不見，不能得除根本。有如是說，將何對？
>
> 答：準《涅槃經》云：有藥名阿伽陀，若有眾生服者，能治一切病。藥喻無思無觀，三毒煩惱妄想，皆從思惟分別變化。所言縛者，一切眾生無始以來，皆是三毒煩惱妄想習氣繫縛，非是鐵鍱繩索繫縛。在獄須得繩索糧食等，此則是第二重邪見妄想，請除卻。是故總不思惟，一切三毒煩惱妄想習氣，一時總得解脫。[74]

儘管這兒被和尚摩訶衍比作無思、無觀、能除一切病的阿伽陀藥或確與噶舉派所說的「萬應靈丹」有異曲同工之妙，但是，據此我們顯然無法肯定這二者就是一回事。同樣無法肯定的是，和尚摩訶衍所傳的禪法是否確曾於八世紀的吐蕃就已經被稱為「萬應靈丹」或者說「阿伽陀藥」了。本來禪宗的有些教法或確與噶舉派的大手印法有相

74 上山大峻，《敦煌佛教の研究》，第553頁。

同之處，如《六祖壇經》中說「法無頓漸，人有利鈍，迷人漸契，悟人頓修」。而於噶舉派祖師那若巴（N'ro pa, 956-1040）的一部題為《佛語正量——空行母口訣》（bKa'yang dag pa'i tshad ma zhes bya ba mkha''gro ma'i man ngag）的短論中，我們亦讀到了幾乎相同的句子，其云：「人以智之差別，分漸門派與頓門派。此漸門派之大藥，乃頓門派之大毒；此頓門派之大藥，乃漸門派之大毒。是故，於宿昔已淨治者，當開示頓門派〔教法〕，於初業有情，則當開示漸門派〔教法〕。」[75]印度、漢地兩種佛學傳統於此殊途同歸，本來是完全可能的事情。非要於吐蕃早已失傳了的和尚摩訶衍所傳禪法與當時方興未艾的大手印法之間製造出一種源流關係，可謂苦心孤詣。筆者以為將和尚摩訶衍所傳之法稱為「萬應靈丹」多半是後世的創造，其目的亦當不排除是為了借和尚之醜名來貶損當時頗為盛行的大手印法。前曾提及，於 sBa/dBa'bzhed 較早的版本中記錄的寂護之臨終授記只是說其示寂後於吐蕃將不再有外道出現，但佛教內部將會出現兩派，引發糾紛，屆時當請其弟子蓮花戒來平定紛爭。然而，同樣的授記到了 sBa/dBa'bzhed 中記錄的所謂另一種傳軌中則變成了「於我示寂之後，將有一位漢地之上師出現。彼將衰損智慧與方便，說所謂『萬應靈丹』，只要悟心便能成佛。……倘若他的法軌流行，則整個佛法都將受到損害」。[76]而於薩班的《三律儀差別論》中則曰：「於其示寂之後，

75 "gang zag blo yi khyad par gyis/ rim gyis pa dang cig car ba/ rim gyis pa yi sman chen'di/cig car ba yi dug chen yin/cig car ba yi sman chen'di/rim gyis pa yi dug tu'gyur/de na sbyangs pa'i'phro can la/ cig car ba ni bstan par bya/sems can dang po'i las can la/ rim gyis pa'di bstan par bya/" 見：Fabrizio Torricelli, "The Tanjur text of theĀjñ'samyakpram'na-n'ma-d'kinyupadeśa", East and West47, Nos.1-4 (1997), pp.252-253. 關於噶舉派對漸悟與頓悟之看法亦可參見：土觀・羅桑卻季尼瑪著、劉立千譯，《土觀宗派源流》，拉薩：西藏人民出版社，1999年，第76-77頁。

76 dPa'bo gTsug lag phreng ba，Dam pa'i chos kyi'khor lo bsgyur ba rnams kyi byung ba gsal bar byed pa mkhas pa'i dga'ston（《賢者喜筵》），第393頁。

將有漢地之僧人出現，開示稱為『萬應靈丹』的頓門派之道。」[77]這不但表明將和尚摩訶衍所傳之法說成是「萬應靈丹」確實是後人的創造，而且還曲折地反映出了這種傳統逐漸形成的過程。

六　傳統之進一步發展和妖魔化了的和尚

儘管西藏文化中有關「吐蕃僧諍」之傳統的基調早已於 sBa/dBa'bzhed 中就已經底定，後世藏文文獻中有關「吐蕃僧諍」的表述多半轉錄自它的這個或者那個版本，然而亦有一些進一步的發展。而其發展的方向是使和尚摩訶衍及其教法於西藏文化傳統中的形象愈來愈壞，並最終與苯教一起成為異端邪說的象徵，是西藏佛教的兩大敵人。

《布頓教法源流》(bDe bar gshegs pa'i bstan pa'i gsal byed chos kyi'byung gnas gsung rab rin po che'i mdzad，或譯作《佛教史大寶藏論》) 是西藏最有影響的一部「教法源流」，成書於一三二二年，作者是西藏中世紀著名大學者、夏魯派上師布頓 (Bu ston Rin chen grub, 1290-1364)。此書中對「吐蕃僧諍」之表述基本上抄自 sBa/dBa'bzhed，但有一個值得注意的變化。sBa/dBa'bzhed 中說，「蓮花戒乃於睡眠中為於夜間潛入譯師館的外道所派劊子手搓捏其腎而殺害」。[78]而於《布頓教法源流》中說「後來，和尚之四名漢地劊子手以搓捏其腎而殺害

77 "de yang thog mar nga'das nas// rgya nag dge slong byung nas ni// dkar po chig thub ces bya ba// cig char pa yi lam ston'gyur//" The Complete Works of Paṇḍita Kun-dGa'-rGyal-mTshan, p.309/3/2.

78 "ka ma la śīla mu stegs kyis gshed ma btang nas nub mo sgra bsgyur gyi khang par gzims mal du mkhal ma mnyes nas bkrongs so zhes byung ngo." Houston，Sources for a History of the bSam yas Debate, p.26.

了阿闍黎蓮花戒」。[79]這樣和尚摩訶衍成了殺害蓮花戒的元兇，這莫須有的殘殺異己的罪名，無疑使得和尚摩訶衍於西藏的形象更似魔鬼。

噶瑪噶舉派上師 dPa'bo gTsug lag phreng ba（1504-1566）寫於一五四五至一五六四年間的《賢者喜筵》是古代西藏最著名的一部歷史著作。如前所述，它對「吐蕃僧諍」的表述完全是對各種版本的 sBa/dBa'bzhed 中的相關資料的轉錄。但間或亦插入作者自己的一些評論，其中有一段對和尚與其弟子們於「吐蕃僧諍」前後所表現出來的種種過激行為提出了措辭極為嚴厲的批評，甚至因此而否認和尚之教乃佛教正法。其云：

> 一般說來，若於佛教說法和非法，凡為非法者，因嗔心嚴重而作忿怒、爭鬥之事，並攜帶武器以設法殺害對手。而凡為法者，則不管對手如何挑釁、忿怒，總是廣布慈悲和忍讓。若時機成熟，則以具教、理之話從容應對，努力回遮對手之邪分別。殺生和搶劫財物者，雖他人所為，亦當制止，更不用說自己為之。是故，不管於當今，還是未來之時，依此既可知誰住於法之一方，誰住於非法之一方。非法之一族者，其見與宗輪就像是為釣魚而在鐵鉤尖上放的誘餌一樣看起來似法，實際上只為欺騙眾生，只要其一說話，則已窮盡。凡其承許之見、行，亦非其自己之地。譬如和尚和其隨從雖說全無所念、全無所思、且不作善惡二業為其自己之見、修，然當漸門派說「如是不合理」時，則馬上作忿怒、怨心本惑、隨惑等一切念，且持刀，心中充滿欲殺之大不善，亦不知返回，自己之見、修即

79 "dus phyis hva shang gi rgya'i bshan pa mi bzhis/ slob dpon ka ma la śī la'i mkhal ma mnyes te bkrongs so." Szerb, Bu ston's History of Buddhism in Tibet, p.42.

毀於一旦。而如法之見和宗輪者，非如是也。若遇損害等強烈之逆緣，即如盔甲不害自心，如利器能伏煩惱一樣，彼二業由此見一起成就，即如火中添柴，乃見之一療法也。此乃引申之義也。[80]

顯然作者已經忘記了寂護臨終所說今後吐蕃只有佛教內部的爭議，而再無外道的授記，寧願將和尚及其教法從佛教正法中開除出去。

當然藏文文獻中不僅有從和尚弟子之行為入手，批判和尚摩訶衍之教法的，而且亦有直接從和尚摩訶衍的教法本身入手，批判和否定其教法的。例如，格魯派教主宗喀巴（Tsong kha pa）於其《菩提道次第廣論》（Lam rim chen po）中就兩次對和尚之教法提出了尖銳的批評。先在其闡述上士道學菩薩行時，於引述了歸於和尚摩訶衍的那段著名的話之後說：

和尚於此引八十種讚歎無分別經根據成立，此說一切方便之品，皆非真實成佛之道，譭謗世俗破佛教之心臟，破觀察慧思擇無我真實義故。故亦遠離勝義道理，任何勝進終唯攝於奢摩他品，於此住心執為勝道，是倒見中最下品者。[81]

其後，於其闡述上士道修觀之法時，宗喀巴再次對蓮花戒《修習次第》中轉述的那段和尚摩訶衍的話提出了激烈的批評。他說：

---

80 dPa'bo gTsug lag phreng ba，Dam pa'i chos kyi'khor lo bsgyur ba rnams kyi byung ba gsal bar byed pa mkhas pa'i dga'ston（《賢者喜筵》），第392-393頁。

81 宗喀巴著、法尊法師譯，《菩提道次第廣論》，西寧：青海人民出版社，1998年，第158頁。

彼乃譭謗一切大乘，大乘既是一切乘本，由謗彼故謗一切乘。言不思維，謗觀察慧，審觀察慧是正智本，謗彼即謗出世間慧，斷其本故。言不應修施等善行，畢竟謗施等方便。總其智慧方便，是名大乘。……故謗大乘作大業障。[82]

同為格魯派上師的土觀活佛（Thu'u bkwan Blo bzang chos kyi nyi ma, 1732-1802）於其成書於一八〇二年的《土觀宗派源流》（Grub mtha'shel gyi me long）中，將漢傳佛教分成律宗、密宗、廣行宗（法相宗）、深觀宗（法性宗）、心要宗（禪宗）五派述其歷史和法要。於其心要宗一節中，作者於簡述禪宗之歷史後說：

心要派，漢人呼為宗門，就其實義與噶舉已相同，即大手印的表示傳承。至於來到藏地的和尚摩訶衍，雖是宗門，但他的言論和宗門共同所主張的見地，略有不同。宗門說凡出離心與菩提心所未攝持的善惡業，雖各別能施苦樂之果，但不能成為一切種智之因，所以他們是無有差別的，比如白雲黑雲，雖現顏色不同，但能障虛空這點也是無有差別的。和尚摩訶衍乃於此語不加鑒別，倡說一切善分別及惡分別皆是能作係縛。又宗門修見法的口訣，雖有全無所作、全無所思之語，這是就已現證實相的補特迦羅而說的。和尚摩訶衍是說從初業行人起若能全不作意，便可解脫。因此，不可只就一和尚所言有誤，便認為一切和尚之見皆是邪計。[83]

---

82 宗喀巴著、法尊法師譯，《菩提道次第廣論》，第343頁；參見立花孝全，《Lam-rim chen-poに見られるbSam-yasの宗論について》，《印度學佛教學研究》15：1（東京，1966），第366-370頁。

83 土觀・羅桑卻季尼瑪著、劉立千譯，《土觀宗派源流》，第214頁。

土觀上師於此將和尚摩訶衍的教法從漢地的禪宗和藏地噶舉派的大手印法中分離了出來，於是和尚之教甚至亦成了禪宗中的異端，大手印法中即使有與禪宗相同之處，亦當與和尚之教法無關。到了土觀上師生活的時代，輕易地將漢地的禪宗和噶舉派的大手印法當成純粹的異端而拒絕顯然已經不合時宜了，然而和尚摩訶衍的教法依然是應當擯棄的邪說。

顯而易見，後弘期之西藏史家不但對和尚摩訶衍的教法不甚了了，而且對其生平亦所知無幾。藏文史書中對先後出現的多位和尚的事蹟經常不分彼此，張冠李戴，似乎凡是漢地來的和尚都叫摩訶衍。十五世紀的西藏史家富賢（sTag tshang rdzong pa dPal'byor bzang po）於其名著《漢藏史集》中將和尚摩訶衍（rGya khri Mah□yana）說成是一位曆算、星相大師。稱早於吐蕃贊普松贊干布時，就有四位聰慧的藏人受遣入漢地隨摩訶衍一年又七月，學習曆算、卜卦，受賜《續照明燈》（rGyud snang gsal sgron me）、《無上印卦》（sPang rgya bla ma）、《天地尋蹤》（gNam sa rjes gcod），以及《紙繩卦書》（Phyag shog'breng bu'i gab rtse）等卦書。後來，這些書籍被譯成了藏文，摩訶衍的曆算之學亦隨之傳入吐蕃。又說《松贊干布遺教》中有云，他「從漢地迎請了阿闍黎和尚摩訶衍，由公主與喇礱金剛吉祥一起作其翻譯，翻譯了眾多曆算、醫藥之書」。[84]前述有藏族史家指出有關摩訶衍臨回漢地時留下一隻鞋子的故事實際上是將比摩訶衍稍前來到吐蕃的另一位和尚的故事張冠李戴到了和尚摩訶衍的頭上，其實這個故事的母題來自菩提達摩「隻履西歸」的故事。這個故事於前弘期時當通過《歷代法寶記》等早期禪宗文獻的藏文譯本而曾為吐蕃僧眾所知，

84 "rgya nag nas/ slob dpon ha shang ma h'ya na spyan drangs te/ de'i lo ts'ba lha gcig rgyal ba kong jo dang/ lha lung rdo rje dpal gyis byas nas/ nag rtsis dang sman spyad la sogs mang po bsgyur bar byed do/" 見《漢藏史集》，第167頁。

於《禪定目炬》中我們見到了菩提達摩的一個簡傳，其中就包括「隻履西歸」的故事。[85]後弘期之史家或已不知此故事的來歷，但這個典故卻被搬用到同為禪師的和尚摩訶衍和其它漢地來的和尚們頭上了。只是「隻履西歸」事實上已變成了「隻履東歸」了。

和尚摩訶衍及其教法於西藏文化中已經定格為一切異端邪說的代名詞這一事實，亦可從《漢藏史集》的作者甚至將漢地道教的教法亦說成是和尚的頓悟說這一故事中得到證明。作者於記載八思巴（1235-1280）帝師參與忽必烈（1215-1294）汗主持的佛道僧諍時說：「漢地之和尚執著於頓悟之見地，追隨太上老君，仿正法之例改作經論，遂以清淨之知辯敗十七名持賢者之我慢的狂傲道士，令其轉依佛門。」[86]一直到近代，據說於西藏寺院裏舉行跳步叱儀軌時，依然將和尚作為被擊敗了的教法的代表而扮成奇形怪狀的樣子，來嚇唬孩童。而在同一個儀軌中，另一個被擊敗了的教法的代表是苯教的黑帽咒師。[87]和尚的這種妖魔化形象顯然一直持續到了今天，所以今天的西藏活佛還會告訴中國的大學校長「藏傳佛教看不起漢傳佛教」。

七　結論

通過上述研究，我們基本可以肯定西藏文化中有關「吐蕃僧諍」，特別是有關和尚摩訶衍及其教法之傳統多半是一種由西藏佛教後弘期的學者們人為地創造出來的傳統。隨著九世紀中吐蕃王朝的崩

85 《禪定目炬》，第23-24頁。

86 “rgya’i ha shang/ chig char ba’i lta ba la zhen pa dang/ tha’o shang la’o ba gin bya ba’i rjes’brang/ chos ltar bcos pa’i gzhung lugs la/ mkhas pa’i nga rgyal gyi dregs pa bcu bdun yang dag pa’i rig pas pham par mdzad nas/ bstan pa’i sgor btsud/” 見《漢藏史集》，第327頁。

87 參見Helmut Hoffmann, The Religions of Tibet, London: Allen & Unwin, 1961, p.78.

潰，大量古代歷史文獻隨之失落，致使十世紀以後之西藏學者要重構其祖先的歷史變得十分的困難。迄今我們所見有關「吐蕃僧諍」的最早的藏文記載來自 sBa/dBa'bzhed，而它對這一歷史事件的表述，特別是其對和尚摩訶衍之主張的表述，顯然主要是依靠蓮花戒所造《修習次第》中的記載建構起來的。而晚出的西藏文獻中對和尚摩訶衍之教法的表述則千篇一律地照搬 sBa/dBa'bzhed，這足以說明後弘期的西藏學者限於文獻資料的短缺並沒有可能全面、正確地把握和尚摩訶衍於吐蕃所傳頓悟教法之精義。而成書於十世紀的《禪定目炬》中作者依靠其尚能見到的大量藏譯早期漢文禪宗文獻，而對和尚摩訶衍所傳頓悟法之見、修、行、果所作的如此全面、深入的分析，不免令人對吐蕃王朝時期漢、藏佛學交流之深入產生由衷的欽佩和緬懷。隨著和尚摩訶衍及其教法於西藏文化傳統中定格為一種代表異端邪說的符號和象徵，漢、藏間佛學交流的管道從此阻斷。雖然，漢地佛教亦曾是西藏佛教之兩大源頭之一，然而於藏傳佛教往後的發展過程中，印度佛教之傳統對其所產生的影響要遠遠超過漢傳佛教傳統卻是一個不爭的事實。一個被妖魔化了的和尚摩訶衍顯然亦是造成這種局面的一個重要因素。於西藏佛教之後弘期，漢、藏佛學間像前弘期時這樣深入的交流從未出現過。相反，於漢、藏兩個民族各自有關其對方之宗教文化的「背景書籍」中卻積累了越來越多的跨文化、跨宗教的誤解，這種誤解至今嚴重地影響著兩個民族間文化、宗教的相互理解和欣賞。揭示西藏人有關和尚摩訶衍及其教法之傳統原本就是人為地創造出來的這一事實，即希冀有朝一日西藏人將擯棄他們對漢傳佛教之根深蒂固的誤解，重開互相學習、交流之大門。

補記二則：

一、本文兩位匿名評議人中的一位提供了一條對本文極為重要而筆者尚未注意到的線索，茲謹錄其原文如下：

> 瑞士籍法國學者戴密微（P.Demiéville）寫過一篇札記，名《達摩多羅附記》（Appendice sur〈DAMODUOLO〉），刊載於饒宗頤《敦煌白畫》（巴黎，1978）第一分冊，第43-49頁。戴氏這篇文章為了考證敦煌出土的一些「行腳僧」圖，詳細考察了達摩多羅的名字的錯訛演變。文章提到了沙畹與烈維合撰的《十六羅漢考》（Journal Asiatique, tome VIII, 1916, pp.275-291.参馮承鈞譯文）證明印度地區原來流傳十六羅漢；而 L.A.Waddel《西藏的佛教或喇嘛教》（1985，1934第二版）第377-378頁和J.Lowry《Essai sur l'art du Tibet》（巴黎，1977）圖版 A 5和 A 40都涉及藏地流傳十八羅漢，增加的兩位羅漢是菩提達摩〔多羅〕和「吐蕃僧諍」中的和尚摩訶衍，見戴氏《達摩多羅附記》一文第45頁右、第49頁左。戴氏也引用到了《歷代法寶記》，論述漢地和藏地的十八羅漢的形成過程。如果情況屬實，則文獻學資料之外，圖像學的資料也似乎表明，漢地和藏地添加的第十七位羅漢是菩提達摩〔多羅〕，第十八位是和尚摩訶衍。和尚摩訶衍本人曾經被尊崇為十八羅漢之一，由此可見，儘管他所傳教法在後弘期被逐漸「妖魔化」，他本人在前弘期曾是十八羅漢之一的地位在圖像上未能全被抹煞。作者研究的這個問題的確是一重大問題。

從前弘期被尊為十八羅漢之一，到後弘期被貶為異端邪說的代表，和尚摩訶衍於西藏之地位和形象可謂一落千丈。而造成這種變化的原因顯然不在於和尚摩訶衍本身，而是西藏後弘期史家有意創造傳統的結果。

二、本文寫成、投出之後，筆者不無驚訝和欣喜地發現中外已有兩篇論文關涉本文所論主題，雖然其側重點和視角與本文不同，但其出發點與本文類似，內容上可與本文互相補充。它們是：

1. 黃敏浩、劉宇光，《桑耶論諍中的「大乘和尚見」——「頓入說」的考察》，《佛學研究中心學報》，6（臺北，2001.7），第151-180頁。
2. Sven Bretfeld, “The ‘Great Debate’ of bSam yas: Construction and Deconstruction of a Tibetan Buddhist Myth”, Asiatische Studien/ Etudes Asiatiques: Zeitschriftder Schweizerischen Asiengesellschaft, LVIII-1 (2004), pp.15-56.

第二章
神通、妖術和賊髡：論元代文人筆下的番僧形象

一　前言

近年來，有些西方學者開始反思西方人在過去幾百年中接觸、認識西藏和西藏佛教的過程，探討不同時期西方文獻中出現的截然不同的西藏形象與西方各個不同發展階段的社會、文化本身的關係，寫出了對理解今日彌漫於西方的西藏熱很有啟發意義的著作。其中較著名的有 Peter Bishop 的《香格里拉的神話：西藏、遊記和西方對聖地的創造》[1]和《力量之夢：西藏佛教和西方的想像》；[2]美國密西根大學東亞系教授 Donald Lopez Jr.的《香格里拉的囚徒：藏傳佛教與西方》；[3]以及於一九九六年五月十日至十二日在德國波恩召開的「神話西藏」國際討論會（Mythos Tibet International's Symposium）的論文結集《神話西藏：感知、設計和幻想》、[4]美國加州大學伯克萊校區新聞學院院長 Orville Schell 教授的《虛擬的西藏：從喜馬拉雅到好萊塢尋找

1 Peter Bishop, The Myth of Shangri-la: Tibet, Travel Writing, and the Western Creation of Sacred Landscape, London: Athlone, 1989.

2 Peter Bishop, Dreams of Power: Tibetan Buddhism & the Western Imagination, London: Athlone, 1993.

3 Donald S.Lopez, Jr., Prisoners of Shangri-la, Tibetan Buddhism and the West，Chicago and London: The University of Chicago Press, 1998.

4 Mythos Tibet: Wahrnehmungen, Projektionen, Phantasien, Köln: DuMont, 1997.

香格里拉》等。[5]受這些著作的啟發，筆者有心對中國歷代文人有關西藏和西藏佛教的記載作一番檢討，勾畫歷代漢族文人筆下之西藏形象，進而對形成這類形象的歷史原因加以說明，冀為認識歷史上漢藏兩族間的政治、文化關係提供一條新的途徑。

本篇以元代漢族文人筆下之番僧形象為論述對象，主要資料來源於元代文人筆記、佛教志乘中的零星記載，輔以官方正史如《元史》中的相關內容。筆者之著眼點不在於對某個特殊人物、事件的交代，而在於對元代漢族士人著作中所見番僧形象的總體把握。

二　元廷優禮番僧事實

在中國歷史上，元朝是個短命的王朝，而它對整個中國歷史發展的影響卻並不和它存在時間的長短成正比。[6]其中元朝對西藏近百年的統治對其以後的發展的影響，就是一個很有說服力的例證。[7]經過元朝近百年的經略，西藏和西藏喇嘛不僅從此在政治上與中央政府結下了不解之緣，而且也作為一種顯眼的文化因素進入了以儒家文明為代表的漢族文化圈中，進入了漢族知識分子的視野。

有元一代，番僧在蒙古朝廷中所享受的地位和榮耀乃同時代任何其它族群之士宦、僧人都無法企及的。此或可以元朝帝師、藏傳佛教

5 Orville Schell, Virtual Tibet, Searching for Shangri-la from the Himalayas to Hollywood, New York: Metropolitan Books, 2000.

6 參見韓儒林，《元史綱要結語》，《元史論叢》1，北京：中華書局，1983年，第3-11頁。

7 對此意大利藏學家L. Petech曾經作過相當精闢的總結，參見Petech, The Mongols and the Central Tibet, Rome: Ismeo 1990, pp.139-142；參見沈衛榮，《元朝統治西藏對後代的影響》，《西藏與中原關係國際學術研討會論文集》，臺北：蒙藏委員會，1992年，第79-101頁。

薩思迦派上師八思巴在朝廷的地位為典型例證。元末明初浙江著名學者葉子奇曾記載說：「元西域胡僧八思麻，知緯候，佐世祖定天下，制蒙古字書，以七音為本，特定一代之文。封為帝師，詔尊之曰：一人之下，萬人之上，西方佛子，大元帝師。卒葬於京，其墓上天雨寶花。令天下郡國皆立帝師殿，其制一同文廟。嗚呼謬哉！」[8]另據《佛祖歷代通載》記載：「有河西僧高沙剌巴，[9]建言於朝，以為孔子以修述文教之功，世享廟祀。而光帝師德俟將聖師表一人，制字書以資文治之用，迪聖慮以致於變之化，其功大且遠矣。而封號未追，廟享不及，豈國家崇德報功之道哉。大臣以聞，詔郡國建祠宇，歲時致享。」[10]《元史》亦記載，「至治間，特詔郡縣建廟通祀。泰定元年，又以繪像十一，頒各行省，為之塑像云。」[11]至治三年（1323）二月，「作上都華嚴寺、八思巴帝師寺及拜住第，役軍六千二百人。」[12]八思巴作為來自西番的「胡僧」，竟然享受與漢族文化祖師孔老夫子同等的榮耀，且「其制視孔子廟有加」，[13]這是中國歷史上獨一無二的特例。

據葉子奇的觀察，雖「歷代多崇徽號褒美，多至十餘言以上。」獨「元朝此等皆絕而不為，及死而始為之謚，亦止於一、二字而已。

---

8 葉子奇，《草木子》卷3下，《雜制篇》，北京：中華書局，1988年，第65頁。

9 沙剌巴當即元代著名譯師沙羅巴，其傳記見於釋念常，《佛祖歷代通載》卷22，《大正藏》，卷49，第729-730頁；亦參見傅海博（Herbert Franke），《沙羅巴（1259-1314）：元代中國西夏佛僧》(Sha-lo-pa (1259-1314), A Tangut Buddhist monk in Yüan China), G. Naundorf, K.-H. Pohl, H.-H. Schmidt ed., Religion und Philosophie in Ostasien, Festschrift für Hans Steininger zum 65.Geburtstag, Würzburg: Königshausen & Neumann, 1985, pp.201-222.

10 《佛祖歷代通載》卷22，第723頁。

11 宋濂等，《元史》卷202，《釋老傳》，北京：中華書局，1976年，第4518頁。

12 《元史》卷28，《英宗紀》2，第628頁。

13 《元史》卷27，《英宗紀》1，第607頁。

初不掩其行之善惡是非，此亦可以為法也。」元朝末代皇帝庚申曾為褒嘉「以私錢十萬錠，濟怯憐口站戶之乏」的元末著名權臣秦王太師伯顏，「下詔加以美稱凡十四字」。即被葉子奇稱為「此又古之大臣所未有也。此又殆九錫之漸者乎！」[14]而據元末明初另一位知名學者陶宗儀（1316-1402）的記載，「巴思八帝師法號曰：皇天之下，一人之上，開教宣文，輔治大聖，至德普覺真智祐國，如意大寶法王西天佛子，大元帝師板的達巴思八八合失。」[15]此封號長達四十餘字，當是元朝封謚制度中的一個特例，足見八思巴於元朝所享受的地位是何等的崇高。[16]

除此之外，對帝師在元廷所受到的特殊待遇在《元史》中也有更具體的描述：

> 百年之間，朝廷所以敬禮而尊信之者，無所不用其至。雖帝后妃主，皆因受戒而為之膜拜。正衙朝會，百官班列，而帝師亦或專席於坐隅。且每帝即位之始，降詔褒護，必敕章佩監絡珠為字以賜，蓋其重之如此。[17]其未至而迎之，則中書大臣馳驛

14 《草木子》卷3下，《雜制篇》，第59-60頁。

15 陶宗儀，《南村輟耕錄》卷12，北京：中華書局，1997年，第154頁。亦見於《佛祖歷代通載》卷22，第732頁。

16 元代的這一特例到了明代便成了司空見慣的慣例，受封為法王、教王或國師的番僧的封號都是那麼長長的一串，內容則大同小異。

17 《南村輟耕錄》卷2，第25頁：「累朝皇帝於踐阼之始，必布告天下，使咸知之。惟詔西番者，以粉書詔文於青繒，而繡以白絨，網以真珠。至御寶處，則用珊瑚，遣使齎至彼國，張於帝師所居處。」陶宗儀這條記載顯然是照錄自楊瑀（1285-1361）之《山居新話》，同樣的內容見於該書，卷2，《欽定四庫全書》子12；參見《山居新話》之德文譯本Herbert Franke, Beiträge zur Kulturgeschichte Chinas unter der Mongolenherrschaft, Das Shan-küsin-hua des Yang Yü, Abhandlungen für die Kunde des MorgenlandesXXXII, 2, Wiesbaden: Kommissionsverlag Franz Steiner GMBH, 1956, pp.59-60；此外，基本相同的記載亦見於李翀，《日聞錄》，《欽定四庫全書》，子部。

> 累百騎以往，所過供億送迎。比至京師，則敕大府假法駕半仗，以為前導，詔省、臺、院官以及百司庶府，並服銀鼠質孫。用每歲二月八日迎佛，威儀往迓，且命禮部尚書、郎中專督迎接。及其卒而歸葬舍利，又命百官出郭祭餞……其弟子之號司空、司徒、國公，佩金玉印章者，前後相望。[18]

何以以八思巴帝師為代表的番僧會受到蒙古皇帝如此的禮遇？這無疑是一個值得深思的問題。

三　施供關係論之新視角

蒙古皇帝與番僧的關係是蒙元王朝與西藏之關係的重要內容和典型的表現形式，因此對這種關係的理解直接影響到對整個元朝與西藏之關係的理解。眼下最流行的對這種關係的一種解釋來自西藏喇嘛自己，其中心點就是著名的「施供關係論」，即是說蒙古皇帝與番僧之間的關係是施主與福田的關係，施主（yon bdag）為其福田（mchod gnas）提供必要的政治和軍事力量，以實現他們的世俗願望，而福田則專心為施主念佛祝禱，以滿足其宗教上的需求。施主與福田相輔相成，各得其所，他們之間的關係是一種平等互利的關係，假如說帝師的地位不在隆師重道的蒙古皇帝之上的話。[19]在後出的藏文史著中，我們經常能讀到皇帝雖貴為天子，卻嚴持師禮以待上師，帝師與皇帝

18 《元史》卷202，《釋老傳》，第4520-4521頁。

19 《南村輟耕錄》卷2，第20頁，記載有一則蒙古皇帝尊師的故事：「文定王沙剌班，今上（元順帝——引者）之師也。為學士時嘗在上左右。一日體少倦，遂於便殿之側偃臥，因而就寐。上以藉坐方褥，國語所謂朵兒別真者，親扶其首而枕之。後嘗患癤額上，上於合鉢中取拂手膏躬與點之。上之隆師重道可謂至矣盡矣。」亦見《山居新話》卷2，Franke上揭譯本，第66頁。

在宮中平起平坐、禮尚往來的故事，也經常能讀到皇帝在享受其上師的宗教服務之後以世俗利益回賜上師，喇嘛在其施主——弟子的支持下獲得各種政治特權的故事。[20]近年來，為了減輕蒙元王朝與西藏地方關係中的政治成分，這種「施供關係論」得到了不斷的鼓吹、神化，它不僅是西藏流亡政府解釋這一段歷史的正版，也幾乎成了西方人理解蒙元王朝與西藏關係的共識。

關於蒙古時代西藏歷史的真相，中外都曾有不少有成就的學者用心研究過，人們只需閱讀意大利著名西藏學家 Luciano Petech 先生的著作《蒙古與中藏》一書便可知其梗概，[21]關於「施供關係」的哲學、社會學的討論亦有當代研究印藏佛學的權威學者 D. Seyfort Ruegg 先生的大作可以參考，[22]皆無須筆者於此多加置喙。惟對蒙古皇帝何以會屈萬乘之尊，對番僧盡師敬之節一事尚欲於此略作討論。持蒙元王朝與西藏關係為施主與福田之關係論者，乃從後世西藏喇嘛的視角和觀念出發對蒙元統治者與番僧之間政、教兩方面的錯綜複雜的關係所作的判斷。[23]在將「施供關係」作為對這段歷史的權威解釋

---

20 最典型的例子當數八思巴帝師為元世祖忽必烈汗前後作三次灌頂，而後者分別以烏思藏十三萬戶、土番三道和漢地之Yur ma chen mo作為回賜。詳見達倉宗巴・班覺藏卜（sTag tshang rdzong pa dPal'byor bzang po），《漢藏史集》（rGya bod yig tshang），成都：四川民族出版社，1985年，第277-278頁。有關這些宗教活動之政治意義參見沈衛榮，《元朝中央政府對西藏的統治》，《歷史研究》1988年第3期，第136-148頁；Janos Szerb, "Glosses on the oeuvre of bla-ma'Phags-pa: III.The 'Patron-Patronized' Relationship" Soundings of Tibetan Civilization, New Dehli 1985, pp.164-173.

21 參見Petech上揭書。

22 David Seyfort Ruegg, Ordre Spirituel et Ordre Temporel dans la pensée Bouddhique de l'Inde et du Tibet，Quatre conférences au Collège de France, Paris, Dépositaire exclusive: Édition-Diffusion de Boccard, 1995.

23 儘管後出的西藏編年史常常將大蒙古皇帝和他的西藏喇嘛之間的關係描寫為一種平等的關係，但他們之間的關係無疑是主臣關係，這是連八思巴上師自己都曾經承認的事實。參見Szerb上揭文，第165頁，注2。

而全盤接受之前，我們顯然有必要將當事雙方中的另一方對這種關係的看法考慮進去。不無遺憾的是，蒙古皇帝及其王室成員自己就此問題並沒有文字記錄傳世，他們留下的片言隻語僅見於漢文記載中。對漢族士人的記載是否正確地傳達了其蒙古主子的意願，或當有所保留。不過元朝並非只是蒙古人的朝廷，當時的漢族士人對西藏及西藏喇嘛的看法至少代表了受蒙古人統治的占人口總數之絕大多數的漢人的看法，故同樣應該受到重視。

與西藏史家淡化西藏與蒙元王朝關係中的政治成分、儘量突出其宗教內容形成鮮明對照，漢族作家多半從政治的角度來看待蒙古皇帝尊崇番僧這一事實。元廷崇佛、禮遇番僧常常成為漢族士人尖銳批評的對象，而士人中的有識之士則往往從這種表面現象背後看透其實質。例如，《元史・釋老傳》中說：「元起朔方，固已崇尚釋教。及得西域，世祖以其地廣而險遠，民獷而好鬥，思有以因其俗而柔其人，乃郡縣土番之地，設官分職，而領之於帝師。乃立宣政院，其為使位居第二者，必以僧為之，出帝師所辟舉，而總其政於內外者，帥臣以下，亦必僧俗並用，而軍民通攝。於是帝師之命，與詔敕並行於西土。」[24]此為明初史臣對其前朝之土番政策的總結，同類的說法在元代文人的著作中也常可見到。例如歐陽玄在《（雲南姚安）妙光寺記》中說：「世祖自徵氐羌歸，乃表異釋氏，隆其師資，至於宮室服御，副於乘輿，蓋有以察其風俗之宜，因以為制遠之術焉，顧世之人不足以喻此也。」[25]此謂忽必烈徵雲南時，路經土番地區，即瞭解欲得其地，必須利用佛教，自此形成其尊崇藏傳佛教的政策。而元代另一位士人朱德潤則說得更加明白：「國家混一區宇，而西域之地尤

24 《元史》卷202，《釋老傳》，第4520頁。

25 歐陽玄，《妙光寺記》，《寰宇通志》卷113，南京：中央圖書館1947年影印明初刻本。

廣，其土風悍勁，民俗尚武，法制有不能禁者。惟事佛為謹，且依其教焉。以故自河以西直抵土蕃西天竺諸國邑，其軍旅、選格、刑賞、金穀之司，悉隸宣政院屬。所以控制邊陲，屏翰畿甸也。」[26]

明革元命，然歷朝同樣敬禮番僧，為此亦曾招來漢族士人的激烈批評。然亦有「有識之士」為統治者的優禮番僧政策作出了較元人更直露的解釋。其云：「胡僧有名法王若國師者，朝廷優禮供給甚盛，言官每及之。蓋西番之俗，一有叛亂仇殺，一時未能遙制，彼以其法戒諭之，則磨金銛劍，頂經說誓，守信惟謹。蓋以馭夷之機在此，故供給雖云過侈，然不煩兵甲、芻糧之費，而陰屈群醜，所得多矣。新進多不知此，而朝廷又不欲明言其事，故言輒不報，此蓋前朝制馭遠夷之術耳。非果神之也。」[27]

饒有興味的是，我們在《草木子》中讀到這樣的一則故事：「初，元世祖命劉太保築元京城。及開基得一巨穴，內有紅頭蟲，不知其幾萬。世祖以問劉曰：『此何祥也？』劉曰：『異日亡天下者，乃此物也。』世祖既定天下，從容問劉太保曰：『天下無不敗之家，無不亡之國。朕之天下，後當誰得之。』劉曰：『西方之人得之。』世祖以八思麻帝師有功，佐平天下，意其類當代有天下，思為子孫長久計，欲陰損其福，而泄其氣。於是尊其爵至於一人之下、萬人之上，豐其養至於東南數十郡之財不足以資之，隆其禮至於王公妃主皆拜伏如奴隸。甚而為授記，藉地以發，摩頂以足，代馬凳子以脊，極其卑賤。及其既死，復於西方再請一人以襲其位，事之一遵其制。其所以待之如此者，蓋所以虛隆其至貴之禮，冀陰消其天下之福，以延其國家之命。豈知歷數不可以虛邀，福祿為彼之妄得，改歆為秀，徒禍其

---

26 朱德潤，《存復齋文集》卷4，《行宣政院副使送行詩序》，《四部叢刊續編》集部25。

27 陸容，《菽園雜記》卷4，北京：中華書局，1997年，第42頁。

身，豈其然哉！」[28]這段故事雖幾近小說家言，卻也十分形象地說明了元朝皇帝優待番僧的政治用意。

不可否認，漢族士人將蒙古皇帝優禮西藏喇嘛這一現象賦予鮮明的政治意義，與藏人所持的「施供關係論」一樣有其片面之處。蒙古朝廷如此尊崇番僧或亦當有政治以外的宗教、文化因素在起作用。一個顯而易見的事實是，對蒙古人而言，藏傳佛教文化遠比漢族儒家文化來得容易接受。蒙元早期諸君，包括世祖忽必烈，皆不能以漢語達意，與漢人交流需通事從中傳達言語；中後期諸君雖受雙語教育，應通華言。[29]然其多數難通漢文經義。元代著名文人虞集（1271-1348）一生經歷了九個蒙古君主的統治，為其服務達四十年之久。一三二五年，出任泰定帝也孫鐵木兒之經筵官，為其講論儒家經義。據《元史．虞集傳》記載：「自是歲嘗在行經筵之制，取經史中切於心德治道者，用國語（蒙古語——引者）、漢文兩進讀，潤譯之際，患夫陳聖學者未易於盡其要，指時務者尤難於極其情，每選一時精於其學者為之，猶數日乃成一篇，集為反覆古今名物之辨以通之，然後得其無忤，其辭之所達，萬不及一，則未嘗不退而竊歎焉。」[30]可見，讓蒙古人接受漢文化是如何艱難的一件事。與此相反，對於蒙古人來說接受西藏文化顯然要比接受漢文化來得容易得多。我們可以元朝末代皇太子愛猷識理達臘（1338-1378）的故事為例而說明之。《南村輟耕錄》記載了如下一則故事，云：「今上皇太子之正位東宮也，設諭德，

28 《草木子》卷4下，《雜俎篇》，第83-84頁。

29 參見傅海博，《元朝皇帝能否讀寫漢語文？》（Herbert Franke, "Could the Mongol Emperors read and write Chinese?"），Asia Major, A British Journal of Far Eastern Studies, ed.B.Schindler, New Series 3, London: Taylor's Foreign Press, 1953, pp.28-41；蕭啟慶，《元代的通事與譯史——多元民族國家中的溝通人物》，《元史論叢》6，北京：中國社會科學出版社，1996年，第35-67頁。

30 《元史》卷181，《虞集傳》，第4176-4177頁。

置端本堂，以處太子講讀。忽一日，帝師來啟太子、母后曰：向者太子學佛法，頓覺開悟，今乃受孔子之教，恐損太子真性。後曰：我雖居於深宮，不知道德，嘗聞自古及今，治天下者，須用孔子之道，捨此他求，即為異端。佛法雖好，乃餘事耳。不可以治天下，安可使太子不讀書？帝師赧服而退。」[31]可就是這位被人稱為「聰明天授，銳志聖學」，曾「與師保之臣講誦不輟，性雅好翰墨」，可以說有相當高漢文化修養的皇太子，[32]卻依然更熱衷於番僧所傳授的佛法。《庚申外史》中記載了這樣的一個故事：「壬寅，至正二十二年（1362），太子酷好佛法，於清寧殿置龍床中坐，東西壁布長席，西番僧、高麗僧，列坐滿長席。太子嘗謂左右曰：李〔好問〕先生教我讀儒書許多年，我不省書中何言，西番僧告我佛法，我一夕便曉。」[33]蒙藏兩族之間宗教文化上的親和關係顯然也是造成蒙元朝廷如此優禮番僧的一個重要因素。[34]

需要強調的是，將蒙古皇帝優禮番僧、沉溺於藏傳佛教修行之事實賦予政治意義，或許是蒙古皇帝們自找的藉口，亦可能是漢族士大夫為其君主之弊政所找的開脫。但這種話語卻亦一直為元以後明、清兩代的君主們所繼承，明代皇帝雖知元之速亡與其崇信番教有關，但

---

31 《南村輟耕錄》卷2，第21頁。

32 李士瞻，《經濟文集》卷6，《為福建監憲恩德卿作詩序》，《欽定四庫全書》集部5。關於蒙古皇帝及其太子學習漢文化的努力和成果，特別是在書法方面的成果參見傅海博上揭一九五三年文，其中皇太子愛猷識理達臘學漢語文的故事，見該文第40-41頁。

33 權衡，《庚申外史》（國學文庫48卷，據學津討原本重印），第42頁；任崇岳，《庚申外史箋證》，鄭州：中州古籍出版社，1991年，第114-115頁；《元史》卷46，《順帝本紀》9，第962頁。

34 參見劄奇斯欽，《蒙古與西藏歷史關係之研究》，臺北：正中書局，1978年，第一章：緒論——蒙古可汗何以信奉了土番的佛教，第1-12頁。Sechin Jagchid, “Why the Mongolian Khans adopted Tibetan Buddhism as their faith”, in Sechin Jagchid，Essays in Mogolian Studies, Provo 1988, pp.90-91.

並不都能以此為戒，明帝室對番僧、番教的推崇較之元代可謂有過之而無不及，而所謂政治利用說常常成為其用來抵擋言官批評的最好武器。而清代皇帝如乾隆者好番教到了入迷的地步，然於其著名的《喇嘛說》中依然將其「習番經」作為統治西藏的政治策略。

四　摩訶葛剌崇拜與神僧形象

於元代文人筆下，番僧與蒙元王朝的關係稱得上是同生共死的關係，蒙古的興起，特別是它能最後消滅南宋王朝，一統天下，得益於番僧的神助，故番僧是元朝建國的功臣；而元朝的迅速滅亡，又起因於番僧在元帝室宮闈中傳授「秘密大喜樂禪定」「雙修」等密法，致使「堂堂人主，為禽獸行」，最後失其天下於明。所以，番僧又是元朝失國的禍首。元朝與番僧的關係，一言以蔽之，真可謂成也蕭何，敗也蕭何。憑藉佐元朝立國之功，番僧為自己樹立了神通廣大的神僧形象，復又因釀成元朝驟亡之禍，番僧從此在漢人中間留下了以妖術肇禍的妖僧形象。

漢文史乘有云：「世祖以八思麻帝師有功，佐平天下。」對此元人的解釋是：「世祖皇帝潛龍時，出征西國，好生為任，迷徑遇僧，開徒授記，由是光宅天下，統御萬邦，大弘密乘，尊隆三寶。」[35]無疑這兒所提到的八思巴帝師的「佐平天下」之功，當主要指以薩思迦班智達與八思巴帝師叔侄為首的薩思迦派上師幫助蒙古人以相對和平的手段置當時內部四分五裂，但獨立於中原王朝統治之外的整個吐蕃

35 語出《弘教集》，見《佛祖歷代通載》卷22，第722頁。類似的話也常見於藏文史書中，例如《漢藏史集》，第287頁，云：「〔世祖〕皇帝向〔八思巴〕上師求法自不待言，就是世間之諸大事亦皆與上師商議而定，上師向皇上說與法隨順而善作世間之事等。」

地區於大蒙古國的統治之下。有意思的是，八思巴帝師在漢族士人筆下是一個集文章、道德於一身的聖人，他的形象與漢族士人中謙謙君子的形象幾乎沒有什麼差別，故並不是有典型意義的番僧形象。例如，元英宗至治元年（1321）詔立《帝師殿碑》中稱，能為君天下者之師者，「以其知足以圖國，言足以興邦，德足以範世，道足以參天地、贊化育，故尊而事之，非以方伎而然也。皇元啟運北天，奄荒區夏，世祖皇帝，奮神武之威，至混一之績，思所以去殺勝殘，躋生民於仁壽者，莫大〔於〕釋氏。故崇其教以敦其化本。以帝師拔思發有聖人之道，屈萬乘之尊，盡師敬之節。諮諏至道之要，以施於仁政。是以德加於四海，澤洽於無外，窮島絕嶼之國、卉服魋結之氓，莫不草靡於化風，駿奔而效命。白雉來遠夷之貢，火浣獻殊域之琛，豈若前代直羈縻之而已焉。其政治之隆而仁覆之遠，固元首之明、股肱之良，有以致之。然而啟沃天衷、克弘王度，寔賴帝師之助焉。」「帝師制字書以資文治之用，迪聖慮以致於變之化，其功大且遠矣。」[36] 這些聽起來冠冕堂皇的話，實際上可以把它們加到每一位匡佐蒙元皇帝建立文治的儒臣頭上。儘管八思巴曾為蒙古朝廷創制了蒙古新字，但要說番僧於元朝興國之功當主要不在道德、文治。

與八思巴帝師之君子形象形成鮮明對比的是，漢族士人對與他差不多同時代的另一位西番國師、薩思迦班智達之弟子膽巴功嘉葛剌思的記載卻形象生動，引人入勝，頗具典型意義。[37]從膽巴在元廷的一

36 《佛祖歷代通載》卷22，第732-733頁。

37 關於膽巴國師生平參見Herbert Franke, “Tan-pa, a Tibetan Lama at the court of the Great Khans”, Orientalia Venetiana, Volume in onore di Lionello Lanciotti, ed.Mario Sabattini, Firenze: Leo S. Olschki Editore, 1984, pp.157-180；沈衛榮，《元朝國師膽巴非噶瑪巴考》，《元史及北方民族史研究集刊》第12-13輯，1990年，第70-74頁；陳慶英、周生文，《元代藏族名僧膽巴國師考》，《中國藏學》1990年第1期，第58-67頁；Elliot Sperling, “Some remarks on sGa A gnyan Dam pa and the origins of the Hor-pa lineage of

些活動中，我們得知，番僧，特別是薩思迦派上師在朝廷的得寵與他們引進摩訶葛剌護法，陰助蒙古軍隊消滅南宋，統一天下，及日後平定西北諸王叛亂有密不可分的關係。元人柳貫（1270-1324）於《護國寺碑》中曾說：「初太祖皇帝肇基龍朔，至於世祖皇帝綏華糾戎，卒成伐功，常隆事摩訶葛剌神，以其為國護賴，故又號大護神，列諸大祠，禱輒回應。而西域聖師（指薩思迦班智達——引者）太弟子膽巴亦以其法來國中，為上祈祠，日請立廟於都城之南涿州。祠既日嚴，而神益以尊。」[38]顯然，柳貫將號稱金剛上師的膽巴國師視為將摩訶葛剌護法介紹給蒙古皇帝之西番上師。《佛祖歷代通載》所錄膽巴國師傳的記載，亦與此略同，其云：「乙亥（至元十二年），師具以聞，有旨建神廟於涿之陽。結構橫麗，神像威嚴，凡水旱蝗疫，民禱回應。」[39]事實上，首先於蒙古朝廷傳播摩訶葛剌法的首先應該是八思巴帝師本人，涿州之摩訶葛剌神廟乃由八思巴上師倡議，元代著名的尼泊爾工匠阿尼哥修建，膽巴國師為該寺住持。據程鉅夫撰《涼國敏慧公神道碑》記載，阿尼哥於「〔至元〕十一年（1274）建乾元寺於上都，制與仁王寺等。」「十三年建寺於涿州，如乾元制。」[40]而按《漢藏史集》的記載，當忽必烈準備派伯顏丞相（1236-1295）舉兵滅宋之時，曾向八思巴上師問計以預卜吉凶。八思巴認為伯顏堪當此重任，並為其運籌成功方略，「令尼婆羅神匠阿尼哥於涿州建神廟，塑護法摩訶葛剌主從之像，親自為神廟開光。此怙主像面向蠻子（南

the dKar-mdzes Region", inTibetan History and Language: Studies Dedicated to Uray Géza on His Seventieth Birthday, Wien 1991, pp.455-456.

38 柳貫，《柳待制文集》卷9，《護國寺碑》。

39 《佛祖歷代通載》卷22，第726頁。

40 程鉅夫，《程雪樓文集》，卷7，《涼國敏慧公神道碑》（元代珍本文籍彙刊），臺北：「國立」中央圖書館，1977年，第316頁。

宋）方向，阿闍黎膽巴公哥為此神廟護法。」[41]伯顏最終於至元十三年正月攻克宋都臨安（今浙江杭州），三月南宋幼主出降，隨後與太皇太后北上。路過涿州時，有人示以涿州之摩訶葛剌護法神廟，他們見後驚奇地說：「於吾等之地，曾見軍中出現黑人與其隨從，彼等原來就在這裏。」[42]

膽巴國師以祈禱摩訶葛剌護法幫助蒙古軍隊攻城掠地、無堅不摧的故事遠不僅僅這一個。據膽巴國師的傳記記載，「初天兵南下，襄城居民禱真武，降筆云：有大黑神，領兵西北方來，吾亦當避。於是列城望風款附，兵不血刃。至於破常州，多見黑神出入其家，民罔知故，實乃摩訶葛剌神也。此云大黑，蓋師祖父七世事神甚謹，隨禱而應，此助國之驗也。」[43]類似而更詳細的記載亦見於柳貫的《護國寺碑》中，此云：「方王師南下，有神降均州武當山，曰：『今大黑神領兵西北來，吾當謹避之。』及渡江，人往往有見之者。武當山神即世所傳玄武神，其知之矣。然則大黑者，於方為北，於行為水，凝為精氣，降為明靈，以翼相我國家億萬斯年之興運。若商之辰星，晉之參星，耿耿祉哉，焉可誣也。」[44]治宋蒙戰爭史者告訴我們，襄樊之戰是宋蒙之間具有決定意義的一次大戰。對宋而言，襄陽六年之守，一旦而失，從此一蹶不振；而對於元朝而言，襄陽的勝利令長江中下游門戶洞開，蒙古軍可順流長驅，平宋只是時間的問題了。而常州之戰則是元軍三路直下南宋首都臨安之前歷時數月的硬戰。[45]膽巴國師禱引大黑天神，陰助王師，使蒙古軍隊攻克南宋固守長江天險之最後堡

41 《漢藏史集》，第281-282頁。

42 《漢藏史集》，第287頁。

43 《佛祖歷代通載》卷22，第726頁。

44 柳貫，《柳待制文集》卷9，《護國寺碑》。

45 參見胡昭曦、鄒重華主編，《宋蒙（元）關係史》，成都：四川大學出版社，1992年，第300-343頁。

壘，最終統一天下，所以大黑天神被視為「為國護賴」，番僧被視為元朝立國之功臣。雖然元廷刻意標榜帝師於朝廷之功德，「非以方伎而然也」，但實際上不打自招，番僧於元朝立國的所謂功德確賴其祖傳的神通。[46]

膽巴國師於「至元七年（1270）與帝師八思巴俱至中國。帝師者，乃聖師之昆弟子也。帝師告歸西番，以教門之事屬之於師。始於五臺山建道場，行秘密咒法，作諸佛事，祠祭摩訶伽剌。持戒甚嚴，晝夜不懈，屢彰神異，赫然流聞，自是德業隆盛，人天歸敬。」[47]他無疑是在元廷傳授摩訶葛剌法術之最關鍵的西番上師。[48]摩訶葛剌護法之靈驗不僅僅局限在襄城、常州兩大戰役中。史載膽巴國師曾因得罪其往昔之門人、元初著名權臣桑哥而流寓潮州，時「有樞使月的迷失，奉旨南行。初不知佛，其妻得奇疾，醫禱無驗。聞師之道，禮請至再，師臨其家，盡取其巫覡繪像焚之，以所持數珠加患者身，驚泣乃蘇，且曰：夢中見一黑惡形人，釋我而去。使軍中得報，喜甚，遂能勝敵。由是傾心佛化。」又例如，「帝〔忽必烈〕禦北征，護神顯身陣前，怨敵自退。」[49]膽巴國師還曾禱引摩訶葛剌護法幫助元朝軍隊戰勝來犯的西北諸王海都（1235-1301）的入侵。元貞乙未（1295），元成宗遣使召師問曰：「『海都軍馬犯西番界，師於佛事中能退降否？』奏曰：『但禱摩訶葛剌自然有驗。』復問曰：『於何處建壇？』對曰：

46 《佛祖歷代通載》卷22，第722頁：「帝（忽必烈）命伯顏承相攻取江南不克，遂問膽巴師父云：『護神云何不出氣力？』奏云：『人不使不去，佛不請不說。』帝遂求請，不日而宋降。」

47 趙孟頫延祐三年作《大元敕賜龍興寺大覺普慈廣照無上帝師之碑》，《元趙孟[illegible]書膽巴碑》，北京：文物出版社。

48 參見王堯，《摩訶葛剌（Mahākala）崇拜在北京》，《慶祝王鍾翰先生八十壽誕學術論文集》，瀋陽：遼寧大學出版社，1993年，第441-449頁。

49 《佛祖歷代通載》卷22，第723頁。

『高粱河西北甕山有寺，僻靜可習禪觀。』敕省府供給嚴護，……。於是建曼拏羅依法作觀，未幾捷報至，上大悅。」[50]經由這些神異的故事，對摩訶葛剌的崇拜成了元代自上至下相當普遍的信仰。皇帝即位時，「先受佛戒九次方正大寶」，而戒壇前即有摩訶葛剌佛像。[51]甚至大內也有摩訶葛剌像，史載元英宗至治三年十二月，「塑馬哈吃剌佛像於延春閣之徽清亭」。[52]祠祭摩訶葛剌的神廟不僅見於五臺山、涿州等佛教聖地或京畿之地，而且也見於國內其它地方。「延祐五年歲在戊午，皇姊魯國大長公主新作護國寺於全寧路之西南八里直，大永慶寺之正，以為摩訶葛剌神專祠。」[53]浙江杭州也有摩訶葛剌神崇拜遺跡，吳山寶成寺石壁上曾刻摩訶葛剌像，覆之以屋，為元至治二年（1322）驃騎將軍左衛親軍都指揮使伯家奴所鑿。[54]至於京城內外、全國各地所建之摩訶葛剌佛像之多，則委實不勝枚舉。[55]而摩訶葛剌神的崇拜顯然也引起了漢族士人的反感，元代詩人張昱《輦下曲》中有詩曰：「北方九眼大黑煞，幻形梵名麻紇剌，頭帶骷髏踏魔女，用人以祭惑中華。」[56]

膽巴上師的神通還不止於令摩訶葛剌護法隨禱隨應一項，他亦是一位能妙手回春的神醫，還能預知天事，呼風喚雨。膽巴國師傳中記載說：師謂門人曰：「潮乃大顛韓子論道之處，宜建剎利生。因得城

50 《佛祖歷代通載》卷22，第726頁。

51 《南村輟耕錄》卷2，第20頁。

52 《元史》卷29，《泰定帝本紀》1，第642頁。

53 柳貫，《柳待制文集》卷9，《護國寺碑》。

54 厲鶚（1692-1752），《樊榭山房集》卷5，《麻曷葛剌佛並序》；參見宿白，《元代杭州的藏傳密教及其有關遺跡》，《文物》1990年第10期，第55-71頁。

55 詳見吳世昌，《密宗塑像說略》，《羅音室學術論著》第3卷《文史雜著》，北京：中國文藝聯合出版公司，1984年，第421-456頁。

56 《張光弼詩集》卷3，《四部叢刊續編》集部。

南淨樂寺故基，將求材，未知其計。寺先有河，斷流既久。庚寅五月，大雨傾注，河流暴溢，適有良材泛集充斥，見者驚詫，咸謂鬼施神運焉。」「癸巳夏五，上患股，召師於內殿建觀音獅子吼道場，七日而愈。」「壬寅春二月，帝幸柳林遘疾，遣使召云：師如想朕，願師一來。師至幸所就行殿修觀法七晝夜，聖體乃瘳。」「三月二十四日，大駕北巡，命師象輿行駕前，道過雲州龍門，師謂從眾曰：『此地龍物所都，或興風雨，恐驚乘輿，汝等密持神咒以待之。』至暮雷電果作，四野震怖，獨行殿一境無虞。至上都，近臣咸謝曰：『龍門之恐，賴師以安。』」[57]這類故事的內容神秘離奇，各不相同，可表達的主題卻是同一個：膽巴國師是一位有神通的番僧。神通廣大是漢族士人筆下之西番僧的典型形象，而這種神僧形象的典型當就是這位金剛上師膽巴國師。

在元、明間漢族人之間曾流傳著關於膽巴國師如何有口才，善應對的同一個故事：「大德間僧膽巴者，一時朝貴咸敬之。德壽太子病癍薨，不魯罕皇后遣人問曰：『我夫婦崇信佛法，以師事汝，止有一子，寧不能延其壽邪？』答曰：『佛法譬猶燈籠，風雨至乃可蔽，若

57 《佛祖歷代通載》卷22，第726頁。於《馬可波羅行紀》中亦記載了如下一則軼事：「有一異事，前此遺忘，今須為君等述之者。大汗每年居留此地〔上都〕之三月中，有時天時不正，則有隨從之巫師星者，諳練巫術，足以驅除宮上之一切暴風雨。此類巫師名稱脫孛惕（Tebet）及客失木兒（Quesimour），是為兩種不同之人，並是偶像教徒。蓋其所為者盡屬魔法，乃此輩誑人謂是神功。」參見馮承鈞譯，《馬可波羅行紀》，上海：上海書店出版社，2000年，第173頁。Marco Polo (1254-1323？), The Travels of Marco Polo, The Complete Yule-Cordier Edition, New York: Dover Publications, 1992, vol.1, p.301. 儘管膽巴國師的這個故事發生於一三〇二年，是時距馬可波羅離開中國已有十餘年，但馬可波羅所述西藏巫師之軼事顯然與膽巴國師的故事有神似之處。而且，馬可波羅於其書中亦稱這些來自西番與迦什彌羅的巫師為「巴哈失」，與藏漢文史料之記載相同，故可確定他所說的故事一定是指番僧的神跡。有關馬可波羅遊記所載番僧事蹟，參見乙阪智子，《馬可波羅著作中所描述的藏傳佛教》，《元史論叢》8，南昌：江西人民出版社，2001年，第62-69頁。

燭盡則無如之何矣。』此語即吾儒死生有命之意，異端中得此，亦可謂有口才者矣！」[58]《佛祖歷代通載》亦載：「阿合麻丞相奏，天下僧尼頗多混濫，精通佛法可允為僧，無知無聞宜令例俗。膽巴師父奏云：『多人祝壽好，多人生怨好？』帝云：『多人祝壽好。』其事乃止。」[59]這類故事尚有不少，此不免令人想起曾於貞觀十五年來唐廷朝覲，因善於應對，進對合旨，而深得唐太宗喜歡，且最終不辱使命為其贊普請得大唐公主的吐蕃大相祿東贊。[60]機警、善應對遂成為西番人留給漢族士人的典型形象之一。

五　秘密大喜樂法與妖僧形象

《草木子》曾記載如下一則佚事，云：「元京未陷，先一年，當午有紅雲一朵，宛然如一西番塔，雖刻畫莫能及，凝然至晚方散。後帝師以國事不振，奔還其國。其教遂廢，蓋其物象見詳也。」[61]這一神異的物象被時人視為元朝失國的先兆。而使元朝命不過百年的罪魁禍首則被認為是在宮廷內興妖作怪的番僧。忽必烈為防止西藏人「代

58 《山居新話》卷1；Franke上揭譯本，第56-57頁；《南村輟耕錄》卷5，第56頁；明人田藝衡，《留青日劄》（下），卷27（瓜蒂庵藏明清掌故叢刊），上海：上海古籍出版社，1985年，《瞿曇膽巴》記載有相同的故事，並如按語云：「正所謂藥醫不死病，佛度有緣人也。惑世愚民，可笑可笑。」實際上，這個流傳廣泛的故事肯定有張冠李戴、穿鑿附會的成分，因為德壽太子死於一三〇六年，而膽巴國師死於一三〇三年，比德壽太子還先逝三年。參見Franke上揭一九八四年文，第177頁。

59 《佛祖歷代通載》卷22，第725頁。

60 參見蘇晉仁、蕭錬子，《〈冊府元龜〉吐蕃史料校證》，成都：四川民族出版社，1981年，第24頁；蘇晉仁，《通鑒吐蕃史料》，拉薩：西藏人民出版社，1982年，第6頁。

61 《草木子》卷3上，《克謹篇》，第48頁。事實上，這個故事更具象徵和預言性質，而並不與歷史事實完全一致。在元都陷落前一年根本就沒有帝師在京城中。

有天下」，可謂處心積慮，豈知元朝的江山最終還是失之於曾為其立國功臣的番僧之手。[62]

權衡在其專述元朝末代皇帝順帝庚申君史事的《庚申外史》中，對元順帝失國的經過總結說：「〔順帝〕始曾留意政事，終無卓越之志，自惑溺於倚納、大喜樂事，耽嗜酒色，盡變前所為。又好聽讒佞，輕殺大臣，致使帝舅之尊，帝弟之親，男女揉雜，何殊聚麀！其後，忌祁後諫已，強其子使學佛法。文公有云：「中國一變為夷狄，夷狄一變為禽獸。堂堂人主，為禽獸行，人紀滅亡，天下失矣。」[63]顯然，權衡將元朝失國主要歸咎於元順帝對番僧於宮廷中傳播的所謂「秘密大喜樂禪定」，或曰「雙修法」的熱衷。這當曾是當時漢族士人的共識，因此奪取了元朝江山的明太祖朱元璋亦將此引以為前車之鑒，下令嚴宮闈之政。史載：「太祖以元末之君不能嚴宮閫之政，至宮嬪女謁私通外臣，而納其賄賂，或施金帛於僧道，或番僧入宮中攝持受戒，而大臣命婦，亦往來禁掖，淫瀆邪亂，禮法蕩然，以至於亡。」[64]於當時之漢族士人看來，番僧助蒙古人使「中國一變為夷狄」，最後又以秘密大喜樂法使「夷狄一變為禽獸」，其罪孽之深實在是亙古無雙。

關於番僧在元朝宮廷傳授「雙修法」的記載詳見於《元史》和《庚申外史》中，大致經過是：「初，哈麻嘗陰進西天僧以運氣術媚帝，帝習為之，號演揲兒法。演揲兒，華言大喜樂也。哈麻之妹婿集

62 不管是古代的漢族史官，還是近代的西方史家都曾將元朝速亡的原因歸之於帝室之崇佛與寵信番僧，參見傅海博，“Tibetans in Yüan China”, In John D.Langlois, Jr.ed., China under Mongol Rule, Princeton: Princeton University Press, 1987, pp.296-328。

63 《庚申外史》，第61頁；任崇嶽上揭書，第156頁。

64 余繼登，《典故紀聞》卷2，北京：中華書局，1997年，第32頁；谷應泰，《明史紀事本末》卷14，《開國規模》，北京：中華書局，第19頁。

賢學士禿魯帖木兒，故有寵於帝，與老的沙、八郎、答剌馬吉的、波迪哇兒禡等十人，俱號倚納。禿魯帖木兒性奸狡，帝愛之，言聽計從，亦薦西番僧伽璘真於帝。其僧善秘密法，謂帝曰：『陛下雖尊居萬乘，富有四海，不過保有見世而已。人生能幾何，當受此秘密大喜樂禪定。』帝又習之，其法亦名雙修法，曰演揲兒，曰秘密，皆房中術也。帝乃詔以西天僧為司徒，西番僧為大元國師。其徒皆取良家女，或四人、或三人奉之，謂之供養。於是，帝日從事於其法，廣取女婦，惟淫戲是樂。又選採女為十六天魔舞。八郎者，帝諸弟，與其所謂倚納者，皆在帝前，相與褻狎，甚至男女裸處，號所處室曰皆即兀該，華言事事無礙也。君臣宣淫，而群僧出入禁中，無所禁止，醜聲穢行，著聞於外，雖市井之人，亦惡聞之。」[65]但元順帝君臣卻樂此不疲，當江山烽煙四起，各路義軍直逼帝京時，元宮內仍然鶯歌燕舞，「而帝方與倚納十人行大喜樂法，帽帶金玉佛，手執數珠，以宮女十六人，首垂發數辮，戴象牙冠，身披纓絡，大紅銷金長短裙襖，雲裾合袖天衣，綬帶鞋襪。常金紫荊，舞雁兒舞，名十六天魔舞。又有美女百人，以皆衣纓絡，各執加巴剌般之器，內一人執鈴杵奏樂。又宮女十一人練搥髻，勒帕，常服，或用唐帽、窄衫。所奏樂器，用龍笛、頭管、小鼓、箏、秦〔蓁〕、琵琶、笙、胡琴、響板、拍板，以宦者長安〔迭〕不花領之。每遇宮中贊佛，則按舞奏樂，宦官非受

65 《元史》卷202，《哈麻傳》；《庚申外史》，第27-28頁；任崇嶽上揭書，第70-71頁。荷蘭學者高羅佩（R.H.van Gulik）於其名著《中國古代房內考》（Sexual Life in Ancient China, A Preliminary Survey of Chinese Sex and Society from ca.1500 B.C.till 1644 A.D., Leiden: E.J.Brill, 1974）一書中翻譯了《元史》中這段有關大喜樂法的記載，由於他未能正確斷句，故錯將人名八郎理解為八郎之字面意義——八個男人，更進而作出十六天魔舞為一郎配二女組對而舞的解釋。參見該書，第260頁，注2；西方漢學者長於探幽發微，但有時亦免不了求鑿過深，牽強附會，以致鬧出笑話。鼎鼎大名如高羅佩者，竟亦莫能例外。

秘密戒者不得預。」[66]為了滿足其肆意淫樂的目的，元順帝可謂挖空心思，無所不用其極。他「建清寧殿，外為百花宮，環繞殿側。帝以舊例五日一移宮，不厭其所欲，又酷嗜天魔舞女，恐宰臣以舊例言，乃掘地道，盛飾其中，從地道數往就天魔舞女，以晝作夜，外人初不知也。」[67]他自己溺於此法不算，竟然亦將太子引入歧途。「帝嘗為倚納曰：太子不曉秘密佛法，秘密佛法可以益壽延年，乃令禿魯帖木兒教太子以佛法。未幾，太子亦惑溺於邪道矣。」[68]

元帝宮廷中的穢行也延及宮外，致使民風大壞。《庚申外史》載：「倚納輩用高麗姬為耳目，刺探公卿貴人之命婦、市井臣庶之麗配，擇其善悅男事者，媒入宮中，數日乃出。庶人之家，喜得金帛，貴人之家，私竊喜曰：夫君隸選，可以無窒滯矣。上都穆清閣成，連延數百間，千門萬戶，取婦女實之，為大喜樂故也。」[69]《草木子》也載：「都下受戒，自妃子以下至大臣妻室，時時延帝師堂下戒師，於帳中受戒，誦咒做法。凡受戒時，其夫自外歸，聞娘子受戒，則至房不入。妃主之寡者，間數日則親自赴堂受戒，恣其淫泆。名曰大布施，又曰以身布施。其流風之行，中原河北，僧皆有妻。公然居佛殿兩廡。赴齋稱師娘，病則於佛前首鞠，許披袈裟三日，殆與常人無異，特無發耳。」[70]對此現象也曾有漢族士人作詩諷刺，如張昱之

---

66 《庚申外史》，第33頁。類似的記載亦見於《元史》卷43，《順帝本紀》6，第918-919頁。此云舞十六天魔舞者，「首垂發數辮，戴象牙佛冠，身披瓔〔纓〕珞，大紅銷金長短裙、金雜襖、雲肩、合袖天衣、綬帶鞋襪，各執加巴剌般之器，內一人執鈴杵奏樂。」下同《庚申外史》所載。《草木子》，卷3下，《雜制篇》，第65頁有云：「其俗有十六天魔舞，蓋以朱纓盛飭美女十六人，為佛菩薩相而舞。」

67 《庚申外史》，第37頁；任崇嶽上揭書，第103-104頁。

68 《庚申外史》，第34-35頁；任崇嶽上揭書，第96頁。

69 《庚申外史》，第28頁；任崇嶽上揭書，第96頁。

70 《草木子》卷4下，《雜俎篇》，第84頁。

《輦下曲》中有云：「似將慧日破愚昏，白晝如常下釣軒，男女傾城求受戒，法中秘密不能言。」[71]而堂堂大元也就在這種君臣宣淫的糜爛氣息中失去了江山。

儘管曾在元朝宮廷內外流行一時的秘密戒法如此為漢族士人所不齒，甚至就連將大喜樂法引進宮廷的禍首、曾為宣政院使，後任丞相的蒙古人哈麻，也自以前所進番僧為恥而圖掩蓋之。史載「丙申，至正十六年（1356），哈麻既得相位，醜前所薦西天僧所為，恐為當世及後人所非議，乃以他事杖西天僧一百七，流於甘州，偽若初未嘗薦之者。又私念以為前薦西天僧所為秘密，惟妹婿禿魯帖木兒知之，莫若並去之以滅其口。」[72]但這種秘密大喜樂法並沒有因為元亡而在中國內地絕跡，修此類密法者，代有傳人。明代宮中依然有番僧出入，歡喜佛像甚至被用來為太子啟蒙男女情事的工具，雙修之法也顯然曾在漢人中流行，有人將當時代人夫婦雙修法之禍因歸結為元末之番僧亂宮。[73]直到民國初年，北方修密的風氣依然濃厚，元代番僧譯進御覽的密法專集《大乘要道密集》，曾為漢人修密法的主要依據。[74]

值得注意的是，今天當我們翻讀《大乘要道密集》時，不難發現這是一部由西夏的玄密帝師、元〔明〕代譯師莎南屹囉等傳播和漢譯的，主要解釋薩思迦派道果法的經典，書中雖有涉及雙修一類秘密修行的內容，但從根本說來它是一部嚴肅的藏傳佛教典籍，而絕非專教

71 《張光弼詩集》卷3，《輦下曲》。

72 任崇嶽上揭書，第84頁；《元史》卷205，《哈麻傳》，第4584-4585頁。

73 田藝衡，《留青日劄》，卷27《佛牙》，第881-882頁；卷27《念佛婆》，第884頁；卷28《雙修法》，第924頁。

74 參見王堯，《元廷所傳西藏秘法考敘》，載南京大學元史研究室編《內陸亞洲歷史文化研究——韓儒林先生紀念文集》，南京：南京大學出版社，1996年，第510-524頁；《大乘要道密集》今有臺灣金剛乘學會影印本流通，臺北：臺灣慧海書齋，1992年，書名改作《薩迦道果新編》。

人修習房中術的淫書。[75]可見當時在元廷內外流行的這些秘密戒法或當非如當時漢族士人所描述的那樣，是借宗教之名，行淫亂之實。漢族士人對番僧於元廷內外所作所為之刻意渲染和猛烈抨擊，直至把元朝驟亡的罪責也全部加到幾個在京城內為信徒授戒傳法的番僧頭上，顯然至少部分是出於孔孟之徒對明顯更受時君喜歡的佛教、特別是藏傳佛教的反感和厭惡，和在異族統治下再受番僧欺凌所引發的民族情緒。時過境遷，今日之史家早已可以理智地從不同的方面來探討元朝迅速滅亡的原因，而不是把一盆髒水全都潑在幾個番僧的頭上。可是，自元朝開始，西藏喇嘛之妖僧形象卻作為一種典型的文學形象永久地留在了漢族文學作品中。在明、清小說中，讀者經常可以遇到以妖術惑眾、欺世盜名，或販賣春藥、或以妖術播弄房中之術的「番僧」或「胡僧」。[76]十餘年前，馬建的小說《亮出你的舌苔或空空蕩蕩》因過分和不恰當地渲染了藏傳佛教密法修習中帶有的兩性相合的成分，在藏人中引起了強烈的反感，被視為對其神聖的藏傳佛教的肆意污辱。實際上，在漢族的文學作品中，番僧的妖僧形象、藏傳佛教的妖術形象實在已經是由來已久了，馬建的小說不過是這種妖僧形象的現代翻版而已。[77]

六　掘墓盜賊與兇狠跋扈的惡僧形象

元代文人給後人留下的另一個典型的番僧形象是一種兇狠跋扈、

---

75 參見Christopher Beckwith上揭文。

76 參見王堯，《金瓶梅與明代藏傳佛教》，《水晶寶鬘——藏學文史論集》，高雄：佛光出版社，2000年，第269-300頁。

77 馬建，《亮出你的舌苔或空空蕩蕩》，《人民文學》1987年第1期，第98-116頁；Sabina Kojima, Bilder und Zerrbilder des Fremden.Tibet in einer Erzählung Ma Jians（《他者之形象與漫畫：馬建小說中的西藏》），Bochum 1994.

狡詐貪婪、不知饜足的惡僧形象。元代來內地的番僧依仗元帝室的寵信，驕橫霸道，不可一世，深為漢族士人痛恨，故對其之詬病亦至深至切。《佛祖歷代通載》中記載：「時國家尊寵西僧，其徒甚盛，出入騎從，擬跡王公。其人赤毳峨冠岸然自居。諸名德輩莫不為之致禮。或磬折而前，摳衣接足丐其按頂，謂之攝受。」偶然有五臺山大普寧寺弘教大師了性講主這樣的大德，路遇番僧，「公獨長揖而已」，即有人指其為傲。[78]同樣的故事亦發生在著名學者孛術魯翀（1279-1338）身上，據載：「帝師至京師，有旨朝臣一品以下，皆乘白馬郊迎，大臣俯伏進觴，帝師不為動。惟翀舉觴立進曰：『帝師，釋迦之徒，天下僧人師也。餘，孔子之徒，天下儒人師也。請各不為禮。』帝師笑而起，舉觴卒飲，眾為之栗然。」[79]

元代西番僧的跋扈，或可推元初著名的三位斂財權臣之一桑哥及與其表裏為奸的江南釋教都總統永福楊大師璉真珈為典型，其中尤以楊璉真珈發宋陵寢最為漢族士人所不齒。直到二十世紀八〇年代為止，桑哥一直被視為畏兀爾人。Petech 先生於《漢藏史集》找出了桑哥的一份傳記，才還其番僧的本來面目。[80]桑哥無疑是元代藏人中地位最高的行政官員，在其政治生涯的巔峰時，「以開府儀同三司、尚書右丞相，兼宣政院使，領功德使司事」，可謂權傾一世。於藏族史家筆下，桑哥因識漢、蒙、藏、畏兀爾等多種語言而為譯史，復因得

78 《佛祖歷代通載》卷22，第733頁。參見野上俊靜，《有關元代佛教的一個問題——喇嘛教與漢人佛教》，《元史釋老傳研究》，京都：朋友書店，1978年，第285-297頁。

79 《元史》卷183，《孛術魯翀傳》，第4222頁。

80 Herbert Franke, "Se^{n}-ge, das Leben eines uigurischen Staatsbeamten zur Zeit Chubilai's, dargestellt nach Kapitel 205 der Yüan-Annalen", Sinica17 (1942), pp.90-113; Luciano Petech, "Sang-ko, a Tibetan statesman in Yuan Dynasty", Acta Orientalia, 34 (1980), pp.193-208；沈衛榮，《〈漢藏史集〉所載〈桑哥傳〉譯注》，《元史及北方民族史研究集刊》1985年第9期，第89-93頁。

八思巴帝師賞識而步步高升。他推奉佛法、整頓吐蕃站赤，減免站民負擔，又整肅元代財政，打擊受賄貪官，健全俸祿制度，是一位有智慧、有才幹，於西藏、於元朝均有大功德之良臣。對他最終因受蒙古怯薛的嫉妒而受迫害致死一事，藏族史家亦給予無限的同情。然而於漢族史家筆下，桑哥卻是一位禍國殃民的姦臣，其傳記即被列入《元史》的《姦臣傳》中。其云：他曾為「膽巴國師之弟子也。能通諸國言語，故嘗為西番譯史。為人狡黠豪橫，好言財利事，世祖喜之。及後貴幸，乃諱言師事膽巴而背之」。得專政後，肆行鉤考、理算，暴斂無藝，人稱其「壅蔽聰明，紊亂政事，有言者即誣以他罪而殺之」。甚至「以刑爵為貨而販之，咸走其門，入貴價以買所欲。貴價入，則當刑者脫，求爵者得，綱紀大壞，人心駭愕」。直至「百姓失業，盜賊蜂起，召亂在旦夕」。[81]最後在以近臣徹裏、不忽木等彈劾下，忽必烈命御史臺勘驗辯論，桑哥伏罪被誅。

桑哥遭漢人痛恨的一個很重要的原因是因為他捲入了楊璉真珈發宋陵寢的惡行中。雖然楊璉真珈實際上是河西唐兀人，但因與其背景相仿之權臣桑哥結為黨羽，又擔任江南釋教都總統，故時人視其為「西僧」「番僧」或「胡僧」。[82]楊璉真珈依仗桑哥於朝中的支持，於其出任江南釋教都總統時，無惡不作。[83]其中最傷天害理者，莫過於

---

81 《元史》卷92，《姦臣傳》，第4570、4575頁。

82 關於其族屬，詳見陳高華，《論楊璉真加和楊暗普父子》，《西北民族研究》1986年第1期，第55-63頁。

83 《元史》卷9，第188頁，至元十四年（1277）二月丁亥，「詔以僧亢吉祥、憐真加加瓦並為江南總攝，掌釋教」，傅海博據此正確地認為楊璉真珈於杭州陷落後的第二年就任命為江南釋教總統，事在桑哥專權之前，但他無法確定亢吉祥是另一個人的名字，還是楊璉真珈之名字的一部分。陳高華未曾注意到《元史》中的這條記載，故無法確定楊璉真珈初任江南總攝的時間，然其所引日本學者小川貫弌於普寧藏《華嚴經》識語中提到「江淮釋教都總攝永福大師楊璉真加」及其位於其上之「江淮諸路都總攝扶宗弘教大師行吉祥」，不但能為傅海博先生釋疑，而且也證實了他所引《元史》中的這條記載。

發掘南宋諸帝攢宮。據宋濂《書穆陵遺骼》所記，楊氏發陵的經過大致如是：「初，至元二十一年甲申，僧嗣古妙高上言，欲毀宋會稽諸陵。江南總攝楊輦真伽與丞相桑哥，相表裏為奸。明年乙酉正月，奏請如二僧言，發諸陵寶器，以諸帝遺骨，建浮圖塔於杭之故宮。截理宗頂，以為飲器。」[84]另據《南村輟耕錄》記載：「歲戊寅，有總江南浮屠者楊璉真珈，怙恩橫肆，勢焰爍人，窮驕極淫，不可具狀。十二月十有二日，帥徒役頓蕭山，發趙氏諸陵寢，至斷殘支體，攫珠襦玉匣，焚其胔，棄骨草莽間。」「越七日，總浮屠下令裒陵骨，雜置牛馬枯骼中，築一塔壓之，名曰鎮南。杭民悲戚，不忍仰視」。[85]當時有義士唐玉潛聞之痛恨，遂毀室捐貲，仗義集儔，邀里中少年若干收遺骸葬別山中，植冬青為識，遇寒食則密祭之。復有宋太學生林德陽故為杭丐，以銀兩賄賂西番僧，得宋高宗、孝宗兩朝遺骨，為兩函貯之，歸葬於東嘉。[86]

可想而知，楊璉真珈對宋陵所採取的這種墨毒殘骨，鞭屍刖骸的惡行，對當時正處在異族統治下的漢族士人的民族自尊心之傷害是何等之巨，所謂「嗟乎！談宋事而至楊〔西！〕浮屠，尚忍言哉？當其發諸陵，盜珍寶，珠襦玉匣，零落草莽間，真慘心奇禍，雖唐、林兩

---

84 《明文衡》卷50，《欽定四庫全書》集部8。此亦可於《元史》卷13，《世祖本紀》10，第271-272頁中得到印證，此云：「〔至元〕二十二年春正月戊寅，……桑哥言：『楊輦真加雲，會稽有泰寧寺，宋毀之以建寧宗等攢宮，錢塘有龍華寺，宋毀之以為南郊。皆勝地也，宜復為寺，以為皇上、東宮祈壽。』時寧宗等攢宮已毀建寺，敕毀郊天台，亦建寺焉。」參見野上俊靜，《桑哥與楊璉真伽——元代宗教史的一面》，《元史釋老傳研究》，第240-266頁。

85 《南村輟耕錄》卷4，《發宋陵寢》，第43-49頁。參見戴密微，《南宋的皇陵》(Paul Demiéville, "Les tombeaux des Song Meridionaux", Bulletin de L'Ecole Française d'Extrême-Orient, 25 (1925), pp.458-567；閻簡弼，《南宋六陵遺事正名暨諸攢宮發毀年代考》，《燕京學報》，30（1946），第27-50頁。

86 《南村輟耕錄》卷4，第43-49頁。

義士易骨潛瘞，而神魄垢辱，徹於九幽，莫可雪滌已」。[87]正如顧炎武所稱：「此自古所無之大變也。」[88]有宋文丞相軍門諮議參軍謝翱為托叟詞，作《冬青樹引》，後代忠臣義士讀之無不同聲相應。[89]清朝乾隆時代文人蔣士奇甚至將圍繞楊氏發陵所發生的種種傳奇故事演繹成一出頗有民族主義情緒的歷史劇，題為《冬青樹》。[90]

楊璉真珈挖人祖墳的行為引發了漢族士人的切齒痛恨。《南村輟耕錄》載軼事一則，謂「杭瑪瑙寺僧溫日觀，能書，所畫葡萄，須梗枝葉皆草書法也。性嗜酒，然楊總統飲以酒，則不一沾唇。見輒罵曰：掘墳賊，掘墳賊！云。」[91]這種痛恨甚至於幾百年之後亦無稍減。嘉靖二十二年（1543），杭州知府陳仁賢「擊楊璉真伽等三髡像於飛來峰，梟之靈隱山下」。時傳杭州「飛來峰有石人三，元之總浮屠楊璉真伽，閩僧聞、剡僧澤像也。蓋其生時，刻畫諸佛像於石壁，而以己像雜之，到今三百年，莫為掊擊。至是，陳侯見而叱曰：『髡賊，髡賊！胡為遺惡跡以蔑我名山哉？』命斬之，身首異處，聞者莫不霅然稱快。」[92]清初著名文人張岱游靈隱，也是一面走，一面口口罵楊髡。「見一波斯胡坐龍像，蠻女四五獻花果，皆裸形，勒石志之，乃真伽像也。餘椎落其首，並碎諸蠻女，置溺溲處，以報之。」[93]雖然被他們推倒、打碎的並不見得真的就是楊璉真珈的塑像，可他

87 田汝成，《西湖遊覽志餘》，卷6，《板蕩淒涼》，北京：中華書局，1965年，第116頁。

88 《日知錄》卷15，《前代陵墓》。

89 《欽定四庫全書》1188，第361-363頁，《冬青樹引注》。

90 參見野上俊靜，《桑哥與楊璉真伽——元代宗教史的一面》，《元史釋老傳研究》，第252頁。

91 《南村輟耕錄》卷5，《掘墳賊》，第66頁。

92 田汝成，《西湖遊覽志餘》，卷6，《板蕩淒涼》，第116頁。

93 張岱，《陶庵夢憶》卷2，《岣嶁山房記》，《陶庵夢憶．西湖夢尋》，上海：上海古籍出版社，1982年，第29頁。

們對楊璉真珈之痛恨之深，於此則表現得淋漓盡致。

楊璉真珈的惡行不只發宋陵一項，傳說他是一個窮奢極欲、貪得無厭的惡僧。發宋陵的動機除了是秉承其蒙古主子的旨意對南宋亡靈採取的魘勝之法外，[94]也是他對財富不知饜足的貪欲。對此《元史・釋老傳》中有相當具體的記載，其云：番僧「為其〔指帝師〕徒者，怙勢恣睢，日新月盛，氣焰熏灼，延於四方，為害不可勝言。有楊璉真加者，世祖用為江南釋教總統，發掘故宋趙氏諸陵之在錢唐、紹興者及其大臣冢墓凡一百一所，戕殺平民四人，受人獻美女寶物無算；且攘奪盜取財物，計金一千七百兩、銀六千八百兩、玉帶九、玉器大小百一十有一、雜寶貝百五十有二、大珠五十兩、鈔一十一萬六千二百錠、田二萬三千畝；私庇平民不輸公賦者二萬三千戶。他所藏匿未露者不論也。」[95]此外，楊璉真珈還肆意毀壞漢族文化傳統，擴展番教勢力。至元二十八年（1291），江淮行省榜文中稱：「楊總攝等倚恃權勢，肆行豪橫，將各處宮觀、廟宇、學舍、書院、民戶、房屋、田土、山林、池蕩，及係官業產，十餘年間，盡為僧人等爭奪佔據。既得之後，不為修理愛護，拆毀聖像，餵養頭疋，宰殺豕羊，恣行蹂踐。加之男女嘈雜，緇素不分。蔑視行省、行臺，欺虐官民良善，致使業主，無所告訴。又民間金玉、良家子女，皆以高價贖買，以其貲財有餘，奢淫無所不至。由此南方風俗，皆為此曹壞亂。」[96]貪財似也不只是楊璉真珈的個人行為，而更是番僧之通病。史載「必蘭納識裏〔以畏兀兒人而為帝師之徒者〕之誅也，有司籍之，得其人畜土

94 參見陳高華上揭文，第58頁。

95 《元史》卷202，《釋老傳》，第4521-4522頁。類似記載見於《元史》卷17，《世祖本紀》14，第362頁，此云：「初，璉真加重賄桑哥，擅發宋諸陵，取其寶玉，凡發冢一百有一所，戕人命四，攘盜詐掠諸贓為鈔十一萬六千二百錠，田二萬三千畝，金銀、珠玉、寶器稱是。」

96 《廟學典禮》卷3，《欽定四庫全書》，史部13。

田、金銀貨貝錢幣、邸舍、書畫器玩，以及婦人七寶裝具，價直鉅萬萬云。」[97]還有：元延祐年間，「僧徒貪利無已，營結近侍，欺昧奏請，布施莽齋，所需非一，幾費千萬，較之大德，不知幾倍」。[98]

楊璉真珈通常被稱為楊髡、賊髡，是古今第一號的西番惡僧。[99]若說膽巴國師曾是神僧形象的原形，那麼，楊璉真珈無疑是漢族士人筆下西番惡僧形象的最佳典型。然而楊璉真珈顯然不是唯一的惡僧，飛揚跋扈是元代文人筆下番僧之共同特徵。關於番僧的兇狠跋扈，《元史．釋老傳》中還列舉了許多其它的故事。例如：

> 又至大元年，上都開元寺西僧強市民薪，民訴諸留守李壁。壁方詢問其由，僧已率其黨持白梃突入公府，隔案引壁發，捽諸地，捶撲交下，拽之以歸，閉諸空室，久乃得脫，奔訴於朝，遇赦以免。二年，復有僧龔柯等十八人，與諸王合兒八剌妃忽禿赤的斤爭道，拉妃墮車毆之，且有犯上等語，事聞，詔釋不問。而宣政院臣方奏取旨：凡民毆西僧者，截其手，詈之者，斷其舌。時仁宗居東宮，聞之，亟奏寢其令。
>
> 泰定二年，西臺御史李昌言：「嘗經平涼府、靜、會、定西等州，見西番僧佩金字圓符，絡繹道途，馳騎累百，傳舍至不能容，則假館民舍，因迫逐男子，姦污女婦。奉元一路，自正月至七月，往返者百八十五次，用馬至八百四十餘匹，較之諸

97 《元史》卷202，《釋老傳》，第4521-4522頁；必蘭納失裏者，北庭感木魯國人，為帝師弟子，代帝出家，是當時有名的譯師和通事。其簡傳見同書，第4519-4520頁。

98 《元史》卷202，《釋老傳》，第4523-4524頁。

99 蒙哈佛大學印度梵文係卓鴻澤先生賜知，詹安泰先生曾著鴻文《楊髡發陵考》，詳議漢人文學作品中有關楊璉真珈發掘宋陵一事之記載及其批評。詹先生此文收於其著作《花外集箋注》一書中，筆者暫無得見此書，無法領略詹先生之宏論，不勝遺憾之至。

王、行省之使，十多六七。驛戶無所控訴，臺察莫得誰何。且國家之制圓符，本為邊防警報之虞，僧人何事而輒佩之？乞更正僧人給驛法，且令臺憲得以糾察。」不報。[100]

元代番僧常為人詬病者還有其干預詞訟、無限度地釋放重囚一項。有關西僧假祈福以釋囚的記載，屢見於《元史》中，如云：「西僧為佛事，請釋罪人祈福，謂之禿魯麻。豪民犯法者，皆賄賂之以求免。有殺主、殺夫者，西僧請被以帝後御服，乘黃犢出宮門釋之，雲可得福。」[101]或云：「西僧以作佛事之故，累釋重囚，外任之官，身犯刑憲，輒營求內旨以免罪。」[102]復有云：「又每歲必因好事奏釋輕重囚徒，以為福利，雖大臣如阿里，閫帥如別沙兒等，莫不假是以逭其誅。宣政院參議李良弼，受賕鬻官，直以帝師之言縱之。其餘殺人之盜，作奸之徒，夤緣幸免者多。至或取空名宣敕以為布施，而任其人，可謂濫矣。凡此皆有關乎一代之治體者，故今備著焉。」[103]這樣的事情屢屢發生，所以也被穆斯林作家記載了下來。拉施特著《史集》中記載道：在鐵穆兒合罕時，朝廷許多著名的異密和宰相、平章（包括答失蠻、脫因納、撒兒班、亦黑迷失、帖可平章）等在向商人們購買寶石和裝飾品時發生了受賄舞弊的行為。此事被人告發，這些大臣們被投入監牢，並且有旨全部處死。他們的妻子和親友前往闊闊真哈敦處〔請求〕講情。她竭力營救他們而未遂。在此之後，他們請求膽巴·巴黑失保護。恰好前幾天出現了「掃帚星」，以此之故，膽巴·巴黑失派人去請合罕來，要求祈禱掃帚星。合罕來到了，巴黑失

100《元史》卷202，《釋老傳》，第4521-4522頁。

101《元史》卷130，《不忽木傳》，第3171頁。

102《元史》卷24，《仁宗本紀》，第556頁。

103《元史》卷202，《釋老傳》，第4523-4524頁。

說，應當釋放四十個囚犯，接著他又說，應當再寬恕一百個囚犯，他們就因這件事而獲釋。[104]

於番僧而言，這類免囚活動或可理解為以慈悲為懷之善舉，藏文史書中也有提及元朝皇帝如何接受西番上師之勸解而用忍戒殺之事蹟，並以此作為修佛之功德而加以標榜。然於漢族士人而言，如是有乖政典之釋囚行為分明是番僧在元帝室姑息、縱容之下胡作非為的又一例證。它不僅為當時人詬病，元代歷朝皆有建言請罷此弊政者，而且也被明初史臣總結為元朝刑法制度之主要缺點，所謂：「而凶頑不法之徒，又數以赦宥獲免。至於西僧歲作佛事，或恣意縱囚，以售其奸宄。俾善良者喑啞而飲恨。識者病之。」[105]

七　結論

儘管元朝中央政府曾「郡縣土番之地，設官分職」，並在此修驛站、括戶口，徵賦稅，蒙古大軍也曾幾次深入土番之境，鎮壓諸如薩思迦第二任本禪釋迦藏卜叛亂、必裏公叛亂與蒙古西北諸王，即藏文史著中之所謂「上部蒙古」（stod hor）所引發的叛亂等，但真正深入土番之地的漢族士人恐怕不會太多。因此，在元代漢族士人的作品中，很少見到有關西番政教形勢的具體記載，他們對西番的認識只是停留在「其地廣而險遠，民獷而好鬥」，或「西域之地尤廣，其土風悍勁，民俗尚武，法制有不禁者，惟事佛為謹，且依其教焉」等相當

104 拉施特主編，余大鈞、周達奇譯，《史集》，第2卷，北京：商務印書館，1985年，第387-388頁。

105 《元史》卷102，〈刑法志〉，第2604頁；參見野上俊靜，《元代佛徒的免囚運動》，《大谷學報》，38：4（1959），第1-12頁。

籠統的說法。[106]土番常常被稱為「西夷」或「西鄙」，於漢族士人眼裏無非是地處西陲的蠻荒之地。正因為如此，土番成了元朝政府放逐重要犯人的地方，有不少著名的政治犯被流放到此地，如宋朝的末代皇帝少帝瀛國公受元世祖命，「往西土討究大乘明即佛理」，居後藏薩思迦寺習法經年。[107]高麗國忠宣王也因得罪於楊璉真珈之子楊暗普而被陷害、放逐至薩思迦。[108]元末著名丞相脫脫受政敵哈麻陷害，「詔復使西行，鴆死於吐蕃境上」。[109]官員調任吐蕃被視為貶謫，乃朝內排斥異己的一種手段。[110]

與漢族士人視入藏為畏途的情形形成鮮明對比的是，大批的番僧湧入中原漢地，史載「見西番僧佩金字圓符，絡繹道途，馳騎累百，傳舍至不能容」，當非純屬誇張不實之辭。因此，番僧在內地的活動是蒙藏及漢藏關係史上極其重要的內容。漢族士人對番僧在朝廷內外各種言行的記述，特別是對番僧在元朝宮廷內外傳播的秘密戒法的抨擊，無疑有出自文化偏見的成分，也帶著已經處於異族統治之下的漢族士人對遭受來自另一個異族的政治和文化上的壓迫、打擊所激起的強烈的民族情緒。番僧在朝廷中的得志，番僧所傳秘密戒法在朝中的

---

106 《元史》卷60，《地理志》3，第1434頁，「禮店文州蒙古漢兒軍民元帥府」條下稱：「自河州以下至此多闕，其餘如朵甘思、烏思藏、積石州之類尚多，載籍疏略，莫能詳錄也。」

107 見王堯，《南宋少帝趙㬎遺事考辨》，《西藏研究》創刊號，1981年，第65-76頁；任崇嶽上揭書，第31-32頁。參見傅海博，《元代中國之西藏人》。

108 金文京，《李齊賢在元事攷》（其の一），吉田宏志，《朝鮮儒林文化の形成と展開に[illegible]する[illegible]合的研究》，京都府立大學文學部，2003年，第246-252頁。

109 《庚申外史》卷上；任崇嶽上揭書，第77頁。

110 《元史》卷186，《陳祖仁傳》，第4274頁：「時宦者資正使樸不花與宣政使槖[illegible]，內恃皇太子，外結丞相搠思監，驕恣不法，監察御使傅公讓上章暴其過，忤皇太子意，左遷吐蕃宣慰司經歷。」此亦見載於《庚申外史》卷下，任崇嶽上揭書，第119頁。

流行，在很大程度上即意味著漢族士人從文化上進行反征服、變夷狄統治為孔孟之治，將異族所建立的征服王朝最終納入華夏正朔的艱苦嘗試的失敗。[111]是故，漢族士人對番僧的行為及其所傳教法的評價顯然有失偏頗，特別是將番僧所傳秘密戒法完全視為禍國殃民之妖術，將元朝驟亡的禍根全推到幾個番僧的頭上，委實有失公允。遺憾的是，漢族士人為番僧留下的這種妖僧與惡僧形象不但通過穆斯林作家拉施特的《史集》和《馬可波羅遊記》等書傳到了中國以外的地區，而且亦一直在元以後的漢族文學作品中得到進一步的戲劇化和形象化，其流風餘緒直到今天恐也未被徹底消除。

111 參見John D.Langlois Jr., "YüChi and his Mongol Sovereign: The Scholar as Apologist", The Journal of Asian Studies, vol.XXXVIII, No.1 (1978), pp.99-116. 該文有桑珠漢譯文，蘭得彰，《虞集和他的蒙古主子——辯護士式的學者》，載元史研究會編《中國元史研究通訊》1986年第1期，第19-28頁。

第三章

歷史中的小說和小說中的歷史：

說宗教和文學兩種不同語境中的「秘密大喜樂禪定」

一　官修正史中的小說家言

有元一代，蒙古大汗寵信番僧，喇嘛貴為帝師，藏傳佛教曾經於蒙古宮廷內外廣泛流傳，這是史家習知的史實。可是，元代漢文文獻中並沒有就此留下很多相關的第一手資料，所以後世對當時所傳藏傳密教的詳情知之甚少。對此流傳最廣、影響最深的一段資料見於《元史．哈麻傳》中，其云：

> 初，哈麻嘗陰進西天僧以運氣術媚帝，帝習為之，號演揲兒法。演揲兒，華言大喜樂也。哈麻之妹婿集賢學士禿魯帖木兒，故有寵於帝，與老的沙、八郎、答剌馬吉的、波迪哇兒禡等十人，俱號倚納。禿魯帖木兒性奸狡，帝愛之，言聽計從，亦薦西番僧伽璘真於帝。其僧善秘密法，謂帝曰：「陛下雖尊居萬乘，富有四海，不過保有見世而已。人生能幾何？當受此『秘密大喜樂禪定』。」帝又習之，其法亦名「雙修法」，曰「演揲兒」，曰「秘密」，皆房中術也。帝乃詔以西天僧為司徒，西番僧為大元國師。其徒皆取良家女，或四人，或三人奉之，謂之「供養」。於是，帝日從事於其法，廣取女婦，惟淫戲是樂。又選採女，為十六天魔舞。八郎者，帝諸弟，與其所

> 謂倚納者，皆在帝前，相與褻狎，甚至男女裸處，號所處室曰「皆即兀該」，華言「事事無礙」也。君臣宣淫，而群僧出入禁中，無所禁止。醜聲穢行，聞於外，雖市井之人，亦惡聞之。[1]

這段話差不多是後世所知元朝宮廷所傳藏傳密法的所有內容，也是後世漢族士人色情化番僧、番教的重要依據。殊不知，這段被明初史官冠冕堂皇地寫入了官修正史之中，並被後世士人常常引用的話原不過是小說家言，它源出於明初士人權衡的私家筆記、或當視為元末之野史的《庚申外史》卷一之中，茲錄其原話如下：

> 癸巳，至正十三年，脫脫奏用哈麻為宣政院使。哈麻既得倖於上，陰薦西天僧行運氣之術者，號「演揲兒」法，能使人身之氣或消或脹，或伸或縮，以蠱惑上心。哈麻自是日親近左右，號「倚納」。是時，資政院使隴卜亦進西番僧善此術者，號「秘密佛法」。謂上曰：「陛下雖貴為天子，富有四海，亦不過保有見世而已，人生能幾何？當受我『秘密大喜樂禪定』，又名『多修法』，其樂無窮。」上喜，命哈麻傳旨，封為司徒，以四女為供養，西番僧為大元國師，以三女為供養。國師又薦老的沙、巴郎太子、答剌馬的、禿魯帖木兒、脫歡、孛的、哇麻、納哈出、速哥帖木兒、薛答裏麻十人，皆號「倚納」。老的沙，帝母舅也；巴郎，太子，帝弟也。在帝前男女裸居，或君臣共被，且為約相讓以室，名曰「些郎兀該」，華言「事事無礙」。倚納輩用高麗姬為耳目，刺探公卿貴人之命婦、市井

1 《元史》卷205，《姦臣傳・哈麻》，北京：中華書局，1976年，第4583頁。

> 臣庶之麗配，擇其善悅男事者，媒入宮中，數日乃出。庶人之家，喜得金帛，貴人之家，私竊喜曰：「夫君隸選，可以無窒滯矣！」上都穆清宮成，連延數百間，千門萬戶，取婦女實之，為「大喜樂」故也。[2]

對以上這兩段話略加比較，我們不難看出二者之間的淵源關係，《元史．哈麻傳》中的這段話當即轉錄自《庚申外史》。而權衡私撰的這部專門記載元朝末代皇帝惠宗（庚申帝、順帝）妥懽貼睦兒（Toγan Temür）三十六年之史事的《庚申外史》，根據的多半是道聽塗說來的逸聞、野史，很多事情「聞之友人暢申之曰」，實不足以為信史。然「洪武初，詔修《元史》，採訪順帝遺事，其書曾上史館」。[3]這是因為「順帝三十六年之事，舊乏實錄，史臣無所於考，闕略不備」，所以朝廷「遣使者十又一人，遍行天下，凡涉史事者，悉上送官」。[4]《庚申外史》大概就是於此時呈上史館，並為史官編寫庚申帝之故事所採用，故其「所言多與《元史》相合」。[5]

首先值得指出的是，《庚申外史》的作者於此敘述元末宮廷修「秘密大喜樂禪定」之事時，其口吻乃十足的漢式腔調，實與元君臣的胡人身份不符，如曰：「陛下雖貴為天子，富有四海，亦不過保有見世而已，人生能幾何」云云，顯然是典型的漢人佞臣挑唆末代昏君的老生常談，哪有一丁點胡人胡語的氣息？[6]此凸現其野史性質，可

2　任崇嶽，《庚申外史箋證》，鄭州：中州古籍出版社，1991年，第70-71頁。

3　語見張海鵬《庚申外史》跋，學津討原本。

4　宋濂，《呂氏採史目錄序》，《宋學士文集．鑾坡後集》卷4，四部叢刊縮印本，314冊，第125頁上。參見任崇岳《庚申外史箋證》，第3頁。

5　關於《庚申外史》的作者、成書以及和《元史》的關係，參見任崇岳《庚申外史箋證》，「前言」，第1-6頁。

6　此或仿《宣和遺事．前集》：「蔡京常勸徽宗道：『人主當以四海為家，太平為娛。

見其所敘述諸故事實在不足憑信。正如卓鴻澤先生指出的那樣，由於密教的「『表法』（象徵）意義又不易為局外人所明瞭，加上語言的隔閡、種族間的芥蒂、文化風習的成見，而故事主角又為業已遠走朔漠的亡國之君等等，《外史》所言容或失實，應可以為今人所理解。然而，正因為《外史》作者對異族的語言、宗教的內涵不甚了了，他所記錄的特殊語彙反而可信：意義固可以曲解，而詞彙卻非他所能憑空捏造」。[7]換句話說，上引《庚申外史》這一段落中所述故事極有可能皆荒腔走板，其真實性大可懷疑，我們最好還是把它當作小說家言，而切不可把它當成正史來看待。其中最可信的反倒是那幾個我們至今看不懂、說不明的用漢語音譯過來的外來詞匯，可惜的是，我們迄今無法從語文學的角度給它們做出合理的解釋。

眾所週知，明人修《元史》的過程極為倉促，整合材料過於粗率，故有很多瑕疵。對照上引《元史・哈麻傳》和《庚申外史》卷一中相應的那段記載，我們即可發現，僅僅在上引這一段話中，就已經出現有幾處明顯的誤解，《元史》的編者顯然搞亂了《庚申外史》之原文敘述的人事因果層次，以致導向錯誤的印象與結論。首先，於《庚申外史》中，「演揲兒法」和「秘密大喜樂禪定」本來說的可能是兩種不同的修法，至少「演揲兒」的本意並非「大喜樂」，前者指的是「能使人身之氣或消或脹，或伸或縮」的「運氣之術」，乃西天

歲月幾何，何必自苦？』上納其言，遂易服私行都市。……蔡攸進見無時，便辟走，或塗抹青紅，優雜侏儒，多道市井淫媟謔浪之語，以蠱上心。」《古本小說集成》，上海古籍出版社影印，1995年，第45、46頁。此承臺灣「中央」研究院歷史語言研究所卓鴻澤先生示教，鳴謝於此。近復承北京大學歷史系黨寶海先生賜告，「這位隴卜應是元宮廷的高麗宦官高龍普，曾任資政院使」，如此屬實，則其漢式佞臣口吻也就不難理解了。謹此向黨寶海先生致謝。

7 卓鴻澤，《「演揲兒」為回鶻語考辨——兼論番教、回教與元、明大內秘術》，《西域歷史語言研究集刊》（第一輯），北京：科學出版社，2007年，第228頁。

僧所傳，後者才是「多修法」，是「秘密佛法」，乃西番僧所傳。而《元史》中則將二者完全混為一談，都成了房中術，而且還將「多修法」說成了「雙修法」。

還有，《庚申外史》卷一說：諸倚納曾經「在帝前男女裸居，或君臣共被，且為約相讓以室，名為『些郎兀該』，華言『事事無礙』。」同樣的一句話到了《元史》中則變成了：「諸倚納皆在帝前，相與褻狎，甚至男女裸處，號所處室曰『皆即兀該』，華言『事事無礙』也。」本來《庚申外史》所曰「且為約相讓以室」指的是那十位「倚納」們約定互相以〔妻〕室」作交換，這樣有類於今日時有耳聞的「換妻」的行為當時在胡語中被命名為「些郎兀該」。可是到了《元史》中本指「〔妻〕室」的「室」字竟然被編修者理解成了「所處室」之「室」了，而「皆即兀該」則相應而成了「所處室」的特殊名號了。這樣的誤解不但今天聽起來讓人覺得匪夷所思，而且也為後人解讀「些郎兀該」或者「皆即兀該」這樣的胡言胡語設置了難以逾越的障礙。

二　藏傳佛教語境中的「秘密大喜樂禪定」

前引《庚申外史》和《元史》中的那段有關「演揲兒法」和「秘密大喜樂禪定」的記載無疑只能被視為小說家言，並不反映元朝宮廷所傳藏傳佛教之真相。遺憾的是，它卻曾於後世被廣泛傳播和接受，成了元以來漢族士人對藏傳佛教之認識的基調。從此，番僧於元廷所傳番教幾乎與「雙修」「房中術」或者「淫戲」劃上了等號。[8]而藏傳

8　沈衛榮，《神通、妖術和賊髡：論元代文人筆下的番僧形象》，《漢學研究》第21卷第2號，臺北，2003年，第219-247頁。

密教於蒙元王朝傳播之歷史真相則被雲籠霧罩，長期得不到揭露。要解開這個謎團，我們首先要釋讀這段記載中出現的幾個隱藏在漢字對音之障幕下的「胡言胡語」，特別是要揭露「演揲兒」和「秘密大喜樂禪定」於藏傳密教語境中的真實涵義。由於受《元史》將「演揲兒法」與「秘密大喜樂禪定」混為一談的影響，西方學術大家都從「演揲兒」意為「大喜樂」這一前提出發，嘗試還原其「胡言胡語」的本來面目，結果當然是南轅北轍，不得要領。[9]卓鴻澤先生正確地將「演揲兒法」和「秘密大喜樂禪定」區分開來，認定「『演揲兒』法即佛教金剛乘中一種修行方法，即觀想、控制印度醫學所謂的脈（梵文 nādā）中風息（梵文 prānā），當風息入於中脈之際，與具備資格的助伴（《外史》所謂『多修法』）入定（snyom'jug），從而證悟『與生俱有』（或譯『俱生』『同生』。梵文 sahaja；藏文音譯 sa ha dza，意譯 lhan cig skyes pa）的大悲智慧」。而「『演揲兒』三字正是回鶻文 yantïr（梵文 yantra『機關，關捩』之回鶻文形式）一詞之對音」。[10]他進而將「演揲兒法」認定為藏傳密教所傳《捺囉巴六法》（N'ro chos drug）中的「拙火定」修法，這無疑是十分接近史實真相的智者之論。[11]

---

9 Rolf Stein為荷蘭高羅佩（Robert van Gulik）之Erotic Colour Prints of the Ming Period（《明代秘戲圖考》）所作書評，Journal Asiatique240 (1952), p.536; Herbert Franke的書評，Zeitschrift der Deutschen Morgenländischen Gesellschaft, Bd.105, 2 (1955), p.386.

10 參見卓鴻澤上揭文《「演揲兒」為回鶻語考辨》，第230、234-235、244-245頁。

11 前引《庚申外史》卷1說：「『演揲兒』法，能使人身之氣或消或脹，或伸或縮」，而西夏黑水城文獻A 18《能照無明風息執著共行之法》中說修拙火定之功德有：「緊切精進求修時，決定得入命（停息）增（出息）處（中脈處）。內發令熱均和驗，創覺似熱而發生。次現如煙之等境，諸疾有四不能（冷、熱、風、痰）。是故修者保此身，身中必得此驗後，更發種種諸盤驗，亦得四喜次弟（第）生。能禁外有之寒暑，身上蚤虱而減少，血肉肌膚而鮮澤，所有垢膩不污身，身如細綿而輕軟，伸縮處處皆安樂，鼻涕口呬自然少，身中能發異香氣，不貪世味知饜足，耳內得聞清近年來，隨著一系列源出於西夏、元、明時代的漢譯藏傳密教文獻的發現和對它們的研究的不斷深入，我們對藏傳密教於西夏和元、明時代傳播的歷史有了較多的瞭解，對於藏傳密教修法也有了比過去深入得多的認識。應該說，今天我們對前述之所謂「演揲兒法」和「秘密大喜樂禪定」的歷史和教法背景至少已經不再是完全陌生了，我們或已可以根據手頭掌握的西夏和元代漢譯藏傳密教文獻對這些聽起來匪夷所思的藏傳密法作出基本的澄清和解釋，還原其歷史的和宗教的語境。例如，在收錄了西夏、元、明三代漢譯藏傳密教文獻的《大乘要道密集》中，有一部成書於西夏時代的藏傳密法，題為《依吉祥上樂輪方便智慧雙運道玄義卷》，[12]當是薩思迦派所傳「道果法」（lam'bras）的一部儀軌集成，其中有一部《拙火定》儀軌，其開宗明義即云：

夫修習人以嗔恚返為道者，須修拙火定也。[13]聖教中說：欲成

勝音。聞吉祥善妙音，睡眠等蓋不能覆，他有疑難能決答。」見《俄藏黑水城文獻》（5），上海：上海古籍出版社，1998年，第253頁上；此外，《依吉祥上樂輪方便智慧雙運道玄義卷》中也說修拙火定可獲八功能，其中「第八無礙者，由拙火定力堅固故，穿山透壁，於一切處無有罣礙，自在遊戲也。」《依吉祥上樂輪方便智慧雙運道玄義卷》，祐國寶塔弘覺國師沙門慧信錄，收錄於莎南屹囉等譯，《大乘要道密集》，多語種佛教古籍整理和研究叢書（一），北京：北京大學出版社，2012年，卷一，第38頁。《依吉祥上樂輪方便智慧雙運道玄義卷》（第49頁）中N□ropa或譯作「缽法師」。

12 《依吉祥上樂輪方便智慧雙運道玄義卷》，《大乘要道密集》卷一，第24-52頁。參見沈衛榮，《〈大乘要道密集〉與西夏、元、明三代藏傳密教史研究》，《古今論衡》（23），臺北，「中研院」歷史語言研究所，2011年12月；沈衛榮，《西夏漢譯藏傳密教儀軌〈依吉祥上樂輪方便智慧雙運道玄義卷〉初釋——以依「四手印」修「欲樂定」為中心》，《國學的傳承與創新——馮其庸先生從事教學與科研六十週年慶賀學術文集》，上海：上海書籍出版社，2012年，第1160-1193頁。

13 亦有謂「以貪返為道者，須修拙火定」：spyir gsang sngags kyi gnas ni/ dug gsum lam

> 就究竟正覺者，有二種：一依般若道，二依秘密道。今拙火定是依秘密道也。然秘密中有所作、所行、修習、大修習四種本續，今是第四大修習本續。於中復有方便、勝惠二種本續，今拙火定是勝惠本續中《大喜樂金剛本續》所是也。此上是捺囉呃法師求修要門之所宗也。[14]

這段話或即可用於釐清和解釋上引《庚申外史》卷一那段話中幾個令人易生誤解的說法。首先，這可以解釋「演揲兒法」和「秘密大喜樂禪定」何以「號為秘密佛法」？此之所謂「秘密」原來並非見不得人之秘密，而是指大乘佛教中的密乘道，大乘佛教分為顯密兩道，其中顯乘為「般若道」，而密乘則是「秘密道」。按照藏傳佛教的說法：「若棄捨煩惱而修道者，是顯教道；不捨煩惱而修道者，是密教道。今修密教之人，貪嗔癡等一切煩惱返為道者，是大善巧方便也。」[15]

---

slong ba yin pas/ gtum mo la brten nas chags pa'i ltung ba sbyong ba yin pas rtsa rlung bsgom na chags pa'i bde ba lta bu skyes pas/ de rang bzhin bden med du stong pa'i gnad bcing ba gal che/.

14 《依吉祥上樂輪方便智慧雙運道玄義卷》,《大乘要道密集》卷一，第32頁。值得一提的是，此說「般若道」和「秘密道」顯然是分指大乘佛教中的顯、密二宗，與漢傳佛教早期所說的顯、密二法不同。於漢傳佛教中，所謂「秘密法」更多指的就是大乘佛法，而並不特指其中的密教傳統。例如《大智度論》卷四說：「佛法有二種，一、秘密；二、現示。現示中，佛、辟支佛、阿羅漢，皆是福田，以其煩惱盡無餘故。秘密中，說諸菩薩得無生法忍，煩惱已斷，具六神通，利益眾生。以現示法故，前說阿羅漢，後說菩薩。」《大正藏》，第25冊，No.1509，第84頁下-第85頁上；關於有無漢傳密教傳統的討論，參見Richard McBride, "Is there really 'Esoteric' Buddhism?" Journal of the International Association of Buddhist Studies27, no.2 (2004), pp.329-356.

15 《光明定玄義》,《依吉祥上樂輪方便智慧雙運道玄義卷》,《大乘要道密集》卷一，第49頁。

而拙火定修法乃大乘佛教秘密道中「以嗔恚返為道用」，而欲成就究竟正覺者所修的一種秘密儀軌。它屬於密乘秘密道中所作（事）、所行（行）、修習（瑜伽）和大修習（無上瑜伽）四續部中的大修習本續，即無上瑜伽部本續的修法。而大修習本續又分為方便（父）和勝惠（母）兩種本續，拙火定則是勝惠本續，亦即無上瑜伽部之母續。捺囉㕶法師制定其所傳六法（Nā ro chos drug）之修法時，各依方便和勝惠本續中的一部本續為其所宗，而拙火定修法之根本所依即是無上瑜伽部母續之《大喜樂金剛本續》。而所謂《大喜樂金剛本續》即是習稱的《喜金剛本續》(Hevajra Tantra)。[16]

《元史．釋老傳》說：「『歇白咱剌』，華言『大喜樂』也。」[17]此之所謂「歇白咱剌」當即是梵文 Hevajra（通常譯作「喜金剛」）的西藏化讀法 he badzra 的音譯。藏文文獻中有時將 Hevajra 意譯作 kyai rdo rje，或者 kye'i rdo rje，有時則音譯成 he badzra。而《喜金剛本續》於西夏和元代漢譯藏傳密教文獻中多半譯作《大喜樂金剛本續》《喜樂金剛本續》，或者直接譯為《大喜樂本續》。[18]按照後世論師，特別是薩思迦派諸上師們的解釋，Hevajra 之 He 乃 Mahākam 之意，譯言「大悲」，抑或「大喜樂」，因此，Hevajra 譯作「大喜樂金剛」是有確鑿根據的。[19]有鑑於此，我們或可推斷《庚申外史》卷二所說

16 按藏傳佛教的分法，《密集》為父續，或曰大瑜伽本續（Mahāyoga Tantra），《喜金剛》和《勝樂》為母續，或曰瑜伽母本續（Yogini Tantra）。

17 《元史》卷202，《釋老傳》。

18 「大喜樂本續」，《幻身定玄義》，《大乘要道密集》卷一，第51頁；「大喜樂中說」，《解釋道果逐難記》（甘泉大覺圓寂寺沙門寶昌傳譯），《大乘要道密集》卷三，第31頁；明代才開始翻譯成「喜金剛後分」，見持咒沙門莎南屹囉集譯《道果延暉集》，《大乘要道密集》卷一，第8頁。

19 海生阿闍黎之《喜金剛難疏——具蓮》云：「或問所修之義者，雲『歇白咱剌』，以方便喜樂能護諸有情，故為大悲。或謂『摩訶噶』，『摩訶』謂大，『噶』謂喜樂，即謂以大喜樂總攝」（bsgrub bya'i don zhus pa ni he bdzra zhes pa ste/ thabs bde bas

的「秘密大喜樂禪定」指的應該就是以無上瑜伽部母續《喜金剛本續》為根本所依而制定的瑜伽修行法。

早在元世祖忽必烈汗時代，元朝首任帝師、薩思迦派第五祖八思巴上師就曾先後三次給忽必烈汗和其皇后察必等授以薩思迦派特有的喜金剛灌頂。[20]而薩思迦派所傳的根本大法——道果法也是主要根據《喜金剛本續》及其釋續《三菩提本續》（Sampuṭa Tantra），由印度大成道者密哩斡巴（Virūpa）經無我母指點而制定，其所傳《道果金剛句偈》（Lam'bras bu dang bcas pa'i gdams ngag dang man ngag du bcas pa）即通過薩思迦派歷輩上師弘傳於世。道果法早在西夏時代就已經在西域地區流傳，也當曾在蒙古宮廷內外得到較廣泛的傳播。[21]《大乘要道密集》中就有《解釋道果語錄金剛句記》和《解釋道果逐難記》兩部詮釋《道果金剛根本句偈》的長篇釋論，它們都應當是西夏時代的作品。[22]而另一部也是出自西夏時代的藏傳密教儀軌《依吉祥上樂輪方便智慧雙運道玄義卷》，則依憑行手印、法手印、記句手印和大手印修「欲樂定」為主要線索，詳細地敘述無上瑜伽部母續之修法及其意義，還特別列出了屬於《捺囉巴六法》的拙火定、光明

sems can rnams skyab par byed pas snying rje chen po'am/ yang na mah□kam zhes bya ba ste/ mah□ni chen po'o/ kam ni bde ba ste bde ba chen pos bsdus pas zhes bya ba'o）。海生金剛（mTsho skyes rdo rje），《喜金剛難疏——具蓮》（Kye'i rdo rje'i rgyud kyi dka''grel padma can zhes bya ba），bsTan'gyur（丹珠爾），I，北京：中國藏學出版社，1995年，第1126頁；參見察巴法王多傑羌・洛瑟嘉措著，法護譯《吉祥喜金剛外生起次第釋——善說日光》，臺北：大藏文化出版，2010年，「導論」，第19頁。

20 參見阿旺貢噶索南著，陳慶英、高禾福、周潤年譯注《薩迦世系史》，拉薩：西藏人民出版社，2002年，第103頁。

21 參見沈衛榮《初探蒙古接受藏傳佛教的西夏背景》，《西域歷史語言研究集刊》（第一輯），第273-286頁。

22 《解釋道果語錄金剛句記》，北山大清涼寺沙門慧忠譯、中國大乘玄密帝師傳、西番中國法師禪巴集，收錄於《大乘要道密集》卷三，第1-18頁；《解釋道果逐難記》，甘泉大覺圓寂寺沙門寶昌傳譯，收錄於《大乘要道密集》卷三，第19-42頁。

定、夢幻定、幻身定等修法，對於我們瞭解和弄清《庚申外史》卷一所說的「演揲兒法」和「秘密大喜樂禪定」的淵源有極其重要的參考價值。

《庚申外史》卷一所提到的「秘密大喜樂禪定」，或曰「多修法」「雙修法」大概指的就是密乘佛教無上瑜伽部母續所傳修習人憑行手印（Karmamudr'，或曰 rig ma 明母、明妃）修習欲樂定（或曰大樂定，即大喜樂禪定），現證俱生智道及究竟菩提、即身成佛的修法。這類修法名目繁多，修行過程也相當複雜，多有依賴風、脈、輪、明點和種子字進行觀修或實修者，但基本原理都不過是要將欲樂轉為道用，通過修欲樂定，次第生起四喜，於第四喜俱生喜中，想樂空無二之理，得證究竟菩提。修習人和行手印（業印、明母）當「作身語齊等（lus ngag mnyam pa）、攝受齊等（byin rlabs mnyam pa）和欲樂齊等（'dod pa mnyam pa），以令蓮杵相合、二脈相合、二明點相合、二風相合，故內發動不二行時，二脈和合、二風和合、二菩提心和合也。由依三種和合，俱生喜故，離前三喜妄念，成就空樂雙融，即發生回絕擬議之大樂等持（即大喜樂禪定）」。[23]而修習這種大喜樂禪定的最終目的是要達到「欲樂齊等」，或曰「所願平等」，即曰：「以凡夫之貪欲為道，以大悲心，將此凡夫貪欲次第轉成遍起之菩提心，為利一切有情皆得佛〔果〕。」[24]總之，修「秘密大喜樂禪定」與世間的欲樂無關，其目的唯有速證菩提佛果一途。

---

23 《依吉祥上樂輪方便智慧雙運道玄義卷》，《大乘要道密集》卷一，第25頁。

24 'dod pa mnyam pa ni/ tha mal pa'i'dod chags'di nyid lam du byas la/ rim gyis tha mal pa'i'dod chags de nyid snying rje chen pos kun nas bslangs pa'i byang chub kyi sems su bsgyur la/ sems can thams cad kyi don du rdzogs pa'i sangs rgyas thob par bya'o snyam pa ni'dod pa mnyam pa'o/，語見Slob dpon Indra bhūtis mdzad pa'i phyag rgya'i lam skor（《因得囉菩提手印道要》），Lam'bras slob bshad, vol.11, p.467.5-6.

三　還「秘密大喜樂禪定」修法之真面目

有關「欲樂定」或曰「大喜樂禪定」的實際修法，在《大乘要道密集》所錄諸種道果法儀軌中均有詳細的描述，除了上述三部源出於西夏時代的長篇釋論《依吉祥上樂輪方便智慧雙運道玄義卷》《解釋道果語錄金剛句記》和《解釋道果逐難記》之外，還有另一篇或源出於明代的詳詮《道果語錄金剛句》的長篇釋論——《道果延暉集》中對此也有詳細的描述，其內容其實皆大同小異，或均與傳為西元七世紀西印度烏仗那某地國王的因嘚囉菩提（Indrabhūti，譯言「自在慧」）[25]所傳，後為薩思迦派上師所得，並引為其密修「道果法」之重要儀軌之一的《因得囉菩提手印道要》（Slob dpon Indra bhūtis mdzad pa'i phyag rgya'i lam skor）有關。《因得囉菩提手印道要》總分五科，分別為清淨明妃、身語平等、攝受平等、所願平等和得要門訣等，分述依手印修欲樂定之要門，詳解方便、智慧雙融中降、持、回、遍、護（即俗稱之雙修）的基本要點，還詳列八種明點之失的對治方法，且說明依手印道證得果位的道理，開示下堅十六喜所生之內外驗相，並各配以修道五位、十三地等。毫無疑問，《因得囉菩提手印道要》曾是薩思迦派所傳「道果法」之「欲樂定」修習的重要文本，[26]也是我們今天理解這種修法的重要參照。

為了便於我們瞭解元與元以前藏傳密教所傳之所謂「雙修」於其自身宗教語境中的實際內容，及其這種修法作為成佛之進路的象徵意

25 Indrabhūti或譯作「因嘚囉波底師」，見《新譯大手印不共義配教要門》，《大乘要道密集》卷四，第58頁；或譯作「瓔得囉菩提」，見《道果延暉集》，《大乘要道密集》卷一，第10頁。

26 參見Ronald M.Davidson, Tibetan Renaissance: Tantric Buddhism in the Rebirth of Tibetan Culture, New York: Columbia University Press, 2005, pp.202-203.

義，還「秘密大喜樂禪定」之本來面目，於此我們不妨將西夏時代已經流傳的《依吉祥上樂輪方便智慧雙運道玄義卷》中有關「依行印修習」的內容轉錄於下。這部分內容顯然與前述《因得囉菩提手印道要》之五科一脈相承，對「欲樂定」的修法作了相當詳細的描述和說明，藏傳佛教其它各派涉及行手印（明妃）之實修法也大致與此相類。其云：

> 夫修習人依憑行印修習而有五門。一先須清淨明母，如前廣明。二身語齊等，謂自及手印剎那間同想佛身，及以語中同誦根本咒及親心咒等，此依增勝化身攝受齊等。三謂猛母互相攝受宮密，先猛於母蓮宮想空，於其空中想一啞字，變成紅色八葉蓮花，仍具臺蕚，上嚴啞字也；後母於猛密杵想空，於其空中想一吽字，變成青色五股杵，尖嚴吽字，竅穴中想紅黑色發字，頭向於上，以唵字成珠尖，首以𠛬字成珠尖或二種明點，想為吽字，或猛母日月八壇中排列咒句，此依增勝報身攝受也。四樂欲齊等，謂將入真性，不生一念凡夫染心，應發願云：「我依斯印，為欲現證俱生智道及究竟菩提，其印願與猛母同，此即希趣增勝依法身攝受也。」如發願已，想無數猛母入各身中也。[27]

所謂「修習人依憑行印修習」即指修習此道果密法的瑜伽行者與其行印一起修習欲樂定，以證佛果。所謂「行印」，即是「行手印」，藏文原文為 las kyi phyag rgya，對應梵文 karmamudrā，亦譯「業印」，與「法手印」（chos kyi phyag rgya，dharmamudrā）、「大手印」

27 《依吉祥上樂輪方便智慧雙運道玄義卷》，《大乘要道密集》卷一，第24頁。

（phyag rgya chen po, Mah'mudrā）和「記句手印」（dam tshig gi phyag rgya, samayamudrā）合稱「四手印」。[28]而此處之「行手印」則專指修欲樂定之助伴「明妃」，藏文原文作 rig ma，西夏、元時譯言「明母」。作為行者修習欲樂定之助伴的「行手印」還有各種不同的稱呼，如「手印母」（phyag rgya ma）、「智印」（ye shes kyi phyag rgya）、「智慧母」（shes rab ma）、瑜伽母（rnal'byor ma）、「金剛天女」（rdo rje lha mo）和「交融母」（'byor ba'i yum）等等，不一而足。

修欲樂定的第一步驟就是選擇「清淨明母」（rig ma dag pa），然而這裏完全省略了對「清淨明母」的描述，而這部分內容詳見於《因得囉菩提手印道要》，後者對清淨明母（妃）分成剎生者、咒生者或智生者、種生者，或者俱生母、蓮種母、獸形母、螺貝母、紋道母等多種，並對她們的功德和相好做了非常詳細的描述。[29]同樣見於國家圖書館善本收藏中的莎南屹囉譯《端必瓦成就同生要》（Ḍombi he ru kas mdzad pa'i lhan cig skyes grub ces bya ba bzhugs so）也對蓮種母、螺貝母、紋種母和牛種母等所謂交融四母（'byor ba'i yum bzhi）的形相做了詳細描述。[30]挑選合適的明母，確定何為可依止之印，何為所

28 關於「四手印」見龍樹造《四手印教誡》（Phyag rgya bzhi rjes su bstan pa，或作《四手印決定》Phyag rgya bzhi gtan la dbab pa），北京版丹珠爾，No.3069，rGyud'grel, vol.mi, 82a1-84b5；以及銘得哩巴（Maitrīpa, 1007-ca.1085）的《四手印要門》（Phyag rgya bzhi'i man ngag），北京版丹珠爾，No.3143, rGyud'grel，vol.tsi, 231a1-234a6。對「四手印」的詳細研究參見Klaus-Dieter Mathes, "The 'Succession of the Four Seals' (Caturmudr'nvaya) together with selected passages from Karopa's commentary", Tantric Studies, Volume 1, Center for Tantric Studies, University of Hamburg, Hamburg, 2008, pp.89-130.

29 《大乘要道密集》所錄大瑜伽士名稱幢師（即薩思迦三祖葛剌思巴監藏）述《密哩斡巴上師道果卷》之《含藏因續記文》中有一節，專述手印母之種類，對獸形母、螺具母、象形母、紋道母、眾相母、蓮種母等之形相作了簡單的描述。《大乘要道密集》卷二，第13頁。

30 參見柴冰《〈端必瓦成就同生要〉藏漢文對勘及考述》，載沈衛榮主編《文本中的歷

斷之印，直接關係到行者能否於現生得證佛果，不可不慎。

修欲樂定的第二步驟「身語齊等」者，指的是修習行人及其助伴行印當同時觀想本尊，生起佛慢，念誦密咒，達到與本尊佛身、語平等，成就息、增、懷、滅四種事業。第三步驟「猛母互相攝受」者，即行者和明母交互攝受金剛（猛）和蓮花（母），通過觀想種子字而得攝受。第四步驟「欲樂齊等」者即指「所願平等」，即發願以即彼凡夫之貪欲為道，以大悲心，次第將此凡夫之貪欲轉成遍起之菩提心，為利益一切有情，證得正等佛果。可見，修欲樂定的目的是為了利益一切有情而證佛果，並不是為了滿足凡夫之貪欲，是將凡夫之貪欲轉為成佛之道路。上述三個步驟的修習是以三身為道之修習，身語平等者，即化身；攝受平等者，即報身；所願平等者，即法身。《依吉祥上樂輪方便智慧雙運道玄義卷》又曰：

> 五以要門要義任持，有五：一不降明點則不能發樂，故先令降；二不能任持則墮輪迴，故須任持；三不能旋返則墮水漏，故須旋返；四不遍身則成疾患，故令須遍身；五最後不護則不獲益，故須不損護持。
>
> 一令降者，將所依清淨明母置自面前，遠近隨意，令彼勝惠，外伏日月，內融風心，方於勝惠口、舌、胸、背、兩乳、股間、密宮、足底，以手捫摸，彈指作聲，以大欲火，流降明點，增其樂相，作大樂觀。二手握拳，交心胸前，翻目上視，斯能護持，於時勿作無二行，切須慎密也。又聽其欲樂音聲，齅彼龍香，咂唇密味，抱觸身等，以此四事亦使欲火熾盛，令

史：藏傳佛教在西域和中原的傳播》，北京：中國藏學出版社，2012年，第161-206頁。

降明點，作樂禪觀，翻目護持，亦須慎密。依此隨生覺受，任運修持，或兩相嚴持，如鷩行勢，徐徐係之，空中明點，降至喉中，成十六分半，半存落乃至密宮也。

二應任持者，以流降故須任持，任持故使增盛，增盛已漸次運返，此三相繫屬而生起也。今且欲任持菩提心者，明點流降時，依上二手握拳，翻目上視，其修羅門微微放慢，語中力稱長聲吽字，急提下風，緊閉上息，地角枕胸必不散落，斯則四剎那（skad cig ma bzhi）中五境所作尤多故，即眾相差別剎那（rnam par sna tshogs pa'i skad cig ma），樂覺受微少故，即初喜（dga'ba）智也。然後麼辢（bo la）及割戈辢（ka kko la）相合已，貪欲火令降明點，作樂禪觀，翻目護持，亦須慎密，此則對前所作微略故，四剎那中即異熟剎那（rnam par smin pa'i skad cig ma），樂勝前故，即上喜智（mchog gi dga'ba）也。然上二種降明點及樂力大故，即明點熾盛暖也。復次略寓研磨交媾，即此盛樂無念，如前以貪欲火令降明點，作樂無念禪觀，翻目護持，亦轉須慎密，則四剎那中，即壞眾剎那（rnam pa nyed pa'i skad cig ma），以樂無念印飾，即勝喜智（dga'bral gyi dga'ba）也。此名明點流動暖於時，明點難任持故，以右手中指撚於右鼻，左鼻引息，按抑上風，然持明點相者，其魑魅道，如麻木厚重，頭髮豎立，及呵欠流涕，高叫啼哭，便利不禁，或閉不通，凡生如此等持，是能持明點之相也。[31]

31 《因得囉菩提手印道要》中與此句對應者曰：「其驗相有：下門麻麻重重近速速也，發根豎立，覺除下風及大小便不能通，啼哭、喜笑、出聲大叫等不能忍」，可見此之所謂「魑魅道」即指「下門」（'og sgo）。上述引文見中國國家圖書館藏明抄本，與之對應的藏文作：des thig le zin pa'i rtags'og sgo bem bem pa dang/ lci yor yor

然後沐浴勝惠肢體令潔淨時，預作身語齊等、攝受齊等、欲樂齊等，以令蓮杵相合、二脈相合、二明點相合、二風相合，故內發動不二行時，二脈和合、二風和合、二菩提心和合也。由依三種和合俱生喜故，離前三喜妄念，成就空樂雙融，即發生回絕擬議之大樂等持，又自己身、語、意三覺受堅固，則觸境一切處皆遍也。於時以翻目護持等能慎密者尤為急務，此即四剎那中離相剎那（mtshan nyid dang bral ba'i skad cig ma），四喜之中即俱生喜智（lhan cig skyes pa'i dga'ba），亦明點堅固暖也。[32]

三返回者，恐於明點而損耗故，應須返回。此有三種，上根至密宮，中根至杵頭，下根至杵根。或離手印已，依六加行而作旋返。一海竅須彌，謂縮腹靠脊也；二攝集泗州，謂力掘四拇指也；三持味合自宮，謂舌拄上齶也；四上拄仰返，謂翻目上視也；此四即身加行。次語加行者，心胸握拳，三稱具力吽字，力聲長引，向上提攝也。意加行者，先想等持所緣，謂以心吽字，發箭下風力扇弓，語誦吽發字，時以吽字上提發字，以發字上推吽字，此是語意各以加行也。

四普遍於身者，依四輪次第，遍義不同。初依密言宮要遍臍者，語稱曷曷字，上提谷道，更作係風帶儀，謂以二手從右至左、從左至右而旋擲之；或作木橛儀，謂趺坐，二手置膝，搖身下半也。次以臍間要遍心中，語稱侶侶字，更作擲羂索儀，

ba dang/ tshub tshub pa dang/ skra rtsa seng seng ba dang/ thur sel dang bshang gci mi'thon pa snyam byed pa dang/ ngu ba dang/ dgod pa dang/ ku co'don pa la sogs pa mi bzod pa byung tsa na bzlog par bya ba ste/，見Slob dpon Indra bhūtis mdzad pa'i phyag rgya'i lam skor, p.469.

32 關於「四喜」與「四剎那」的對應關係在銘得哩巴的《四手印要門》（Caturmudropadesa）中有詳細的描述。參見Klaus-Dieter Mathes上揭2008年文。

以二手握拳當胸，作展縮勢；或二手作纏帛勢也。次心間要遍喉中者，緊作吃移勢，想於明點運至喉間，便作童子前後左右點頭作歌側俯仰勢也。次趁喉間遍至頂上者，於二鼻中頻頻急作搐香氣勢，想於明點遍於頂上，更以二手而指於頂，想於明點遍諸脈道也。或提下風而復止息心，想風息入侶帝脈，直至虛空；或想周遍身內，疏通脈道，運於明點，想遍一身。如是頻作，其菩提心自遍一身，堅固不失。或欲菩提而堅固者，以二足頭倒拄於地，以二足根輔修羅門，二手執金剛杵及九棗等，向下挽之，金剛杵頭使著於地，同前嚴閉上下風息，語頌唵啞吽字，向後猛頓，臀可至地。依此恒常修習，絕不失散菩提之心，則能遍滿一身之內。此法不必依行手印，尋常能者大護菩提而資身也。

五不壞護持者，修習之人有發樂盈滿等六種失菩提義，若不護者，身生患難，失於等持，於二世中而無，故須要依法一一護之，在道果第四內可知。依上修習，功著力則發四喜，有四：一依宮四喜，二依漸四喜，三依所斷四喜，四依自體四喜。第一亦二，初依外宮四喜，後依內宮四喜，於中初者，謂於身一二處生樂，即名初喜；於身大半發樂，即是上喜；全身發樂成無念者，即是離喜；觸境發生空樂境覺受，即俱生喜。後者有從頂至喉所生覺受，即初喜；從喉至心，即上喜也；從心至臍，即離喜也；從臍至杵尖即俱生喜也[33]。二依漸四喜者，始從觀色乃至相觸發生樂者，即初喜；麼辢及割戈辢相合時發生

33 於《因得囉菩提手印道要》中這四喜被稱為「上降四喜」，曰：「〔明點自〕頂降至喉，即是初喜所攝四喜；〔自〕喉〔降〕至心間，即是上喜所攝四喜；〔自〕心〔降〕至臍間，即是離喜所攝四喜；〔自〕臍〔降〕至〔金剛〕珠之頂，即是同生所攝四喜。」見中國國家圖書館藏明抄本。

之樂，即上喜；略為研磨交媾時發生之樂，即離喜；三種正和合時發生之樂，即俱生喜也。三依所斷四喜者，以初喜智斷能持所持分粗妄念，以上喜智舍斷計執身自妄念，以離喜智舍斷執著手印妄念，以俱生智斷前三染著之心，謂前三喜，至此悉為所知障也。四依自體四喜者，安樂覺受小則是初喜，安樂覺受大則即上喜，安樂成無念則離喜，觸境覺受空樂無二即俱生喜也。[34]

以上所述之第五步驟「以要門要義任持」實際上就是一個完整的「持、護風心儀軌」（rlung sems gzung ba'i srang bstan），其五個階段的修法說的就是完成一個完整的雙脩儀軌的過程。[35]其中提到的所謂「大樂等持」當即是元代漢文文獻中提到的所謂「秘密大喜樂禪定」。其基本內容就是已經達到身語、攝受和所願平等的行者和明母蓮杵相合、二脈相合、二明點相合、二風相合，作不二行，於四剎那間漸次生起四喜，成就空樂雙融，進入大樂等持，於輪圓諸法，悉了空樂不二，即身成佛。

行者修習欲樂定能獲得眾多的利益和成就。《依吉祥上樂輪方便智慧雙運道玄義卷》中對此有很詳細的說明，其云：

然依此修，非唯獲此四喜，兼乃菩提明點四輪堅積，謂菩提心始從密宮，上至臍中得堅固，則臍色變白，外微凸出，及膚裏密緻，爪不容掐，亦無發白麵皺也。或毒蛇及餘猛獸等，不賜

---

34 《依吉祥上樂輪方便智慧雙運道玄義卷》，《大乘要道密集》卷一，第24-27頁。

35 《端必瓦成就同生要》中也說「執持儀軌」，實際上是指「持風心之護」（rlung sems gzung ba'i srang bstan pa），其修法相對而言要簡單得多，有四種：一、細如藕絲，二、銛如槍鋒，三、斷如銳刃，四、滑如鏡面。參見柴冰上揭文，第183-184頁。

毒噬及為彼之戀養也。或生發微略空樂等持，自身、語、意不隨諸境空樂也。顯現謂菩提心從臍至心得堅固時，所有肢體，但舉其一，眾不能屈，俱恢弘力也。或能知天時豐儉、甘澤多寡，及知他心等通，即不起念，自然顯現也。或發生中品空樂等持，觸境皆現空樂。謂菩提心至喉得堅固時，二肩平滿，舌漸廣長，能至眉，仍於木舌，能注甘露也。或離飲食，或仍能受用諸天甘露，及諸世間所有珍羞（饈），及能遊藝篇章，隨宜演說法也。或生廣大空樂等持，於一切圓寂之法，空樂顯現，仍了此輪迴苦樂等相，歷然皆幻有也。謂菩提心從喉至頂得堅固時，享壽千齡，無中夭也，仍獲余勝功德，或能現鳥鸞虎豹等微分神通也。或發生大空樂等持，於輪圓諸法，悉了空樂不二矣。[36]

四　對欲樂定及其象徵意義的不同解釋

密教的修法，特別是諸如欲樂定這樣與兩性相關的修法常遭人詬病和誤解，古今中外皆然。對於密乘佛教中那些看起來離經叛道的修法，特別是與男女雙修相關的性瑜伽等修法的解釋，歷代佛教研究者也倍感困擾，在近兩百年的佛教研究史上，學者們提出了多種不同的方式試圖對它們的合理性做出令人信服的解釋。迄今為止，他們至少已經提出了實指論（Literalism）、喻指論（Figurativism）和涵指論（Connotation）三種不同的進路，來解釋這一令人費解的宗教現象。實指論者即認為所有這些本續和儀軌中所描述的修法都應該按其字面

36 《依吉祥上樂輪方便智慧雙運道玄義卷》，《大乘要道密集》卷一，第27頁。亦見於《道果延暉集》，《大乘要道密集》卷一，第17-18頁。

意義來理解，都是實修；而喻指論者則認為應該對這些密續的語言作「隱喻的」「象徵性」的理解，對這些修法做「象徵性的解讀」；而涵指論者強調這類語言、符號的意指功能，諸如五肉、五甘露的享用和雙修等內容應該超越傳統的淨穢和善惡的範疇，而意指「覺悟」「成正等覺」的獲得，並把它作為一個實際的既成事實。[37]按照這三種進路對有違常理的種種密教儀軌所作的解釋可謂豐富多彩，這反映的正好是密教修法及其象徵意義的多樣性和複雜性。顯然這三種進路或可互相涵蓋，但無法一一取代。我們可以於當時代文獻對「欲樂定」的修法和解釋中，看到上述詮釋密續之修法的三種進路於此都得到了體現和運用。

按照前述《依吉祥上樂輪方便智慧雙運道玄義卷》中對於依行手

37 參見Christian Wedemeyer, "Beef，Dog and Other Mythologies: Connotative Semiotics in Mahāyoga Tantra Ritual and Scripture", History of Religion, vol.75, no.2, 2007, pp.383-417. 值得一提的是，藏傳佛教自身對有關密法修習的名相的理解也有「實指」和「喻指」兩種，甚至也有「涵指」。在薩思迦三世祖名稱幢所造《大乘密藏現證本續摩尼樹卷》中提到「如實作解」(sgra ji bzhin pa，即「實指」) 和「隨宜消釋」(sgra ji bzhin ma yin pa，即「喻指」) 兩種解釋法，其中「一如實作解者，即『母』等八親及『婆羅門』等八類，通成一十六種，《本續》云『親母及親妹』等八種親，又雲『舞染金剛母』等八類是也。二隨宜消釋者，將母等八親轉成婆羅門等八類。故《三菩提》云：『為母二生佛，女是勇健母，婦成魁膾母，姊妹為舞母，染是姊妹女。』世母等八親之名而轉說成染等八母。」而可以說是「涵指」的是所謂「連續灌頂者」(dbang dang rjes su'brel pa，意謂「與灌頂相聯結者」) 和「等同功德者」(yon tan dang mthun pa，意謂「與功德隨應者」)，即將實修時的手印 (dngos kyi phyag rgya) 呼為母等，並成為其所具功德之象徵。即曰：「三連續灌頂者，舉一手印而具八體，將密灌頂手印而呼為母等。四等同功德者，以是手印約功德體辨，每一手印具十六德，方成母等，故《本續》前分第五品云：『因生眾生故，以智號曰母。』」見《大乘要道密集》卷三，第4-5頁；藏文版見Grags pa rgyal mtshan, rGyud kyi mngon par rtogs pa rin po che'i ljon shing zhes bya ba bzhugs so, Sa skya bka''bum, vol.3, The Complete Works of Grags pa rgyal mtshan.bSod nams rgya mtsho, comp.Tokyo, 1968, p.42-44.

印密修欲樂定的描述來看，這種被俗稱為「雙修」的「欲樂定」修法顯然是一種實脩儀軌，所有這些字面的具體描述，都應該是實指。所以，元代漢文文獻中出現的所謂「秘密大喜樂禪定」應該不是空穴來風，元代蒙古君臣曾在西番僧和西天僧的指導下修習過這種「欲樂定」當是事實。然而，將這種修法指稱為「淫戲」則無疑是說者把它脫離了藏傳佛教的語境、然後放入漢文化語境中考慮而造成的一個誤解。這樣的指控應當在藏傳密教一開始傳入西域和中原時就曾出現，故當時的藏傳密教論師就曾不得不起而自衛，對他們所傳密脩儀軌的合理性做出解釋。例如，我們在《依吉祥上樂輪方便智慧雙運道玄義卷》中見到作者在解釋四種入欲樂定修法後用很長的篇幅來為修習這種涉及男女雙修的秘密修法的正當性作辯護。他說：

> 問：淫聲敗德，智者所不行；欲想迷神，聖神之所遠離，近障生天，遠妨聖道，經論共演，不可具陳。今於密乘何以此法化人之捷徑、作入理之要真耶？答：如來設教，隨機不同。通則皆成妙藥，執則無非瘡疣，各隨所儀，不可執己非彼。又此密乘是轉位道，即以五害煩惱為正而成正覺，亦於此處無上菩提，作增勝道。言增勝力者，於大禪定本續之中，此母本續即為殊勝方便也。[38]

此即是說，欲樂定是佛隨機應化設計的一種可以轉「五害煩惱為正而成正覺」的殊勝方便，是密乘佛教之勝惠本續，也即無上瑜伽部母續，或曰瑜伽母續中所說的一種修法，故不應當把它看成是外道為貪圖淫樂而亂搞的旁門左道。值得指出的是，欲樂定的修習顯然並非

38 《依吉祥上樂輪方便智慧雙運道玄義卷》，《大乘要道密集》卷一，第29頁。

所有修習藏傳佛教之行者的必修功課，相反它僅僅擬為下根化機所設，《依吉祥上樂輪方便智慧雙運道玄義卷》有曰：

> 下根以貪欲中造著道門而修習者，應當入欲樂定也。其欲樂定有十五門，若修習人依修習，現身必證大手印成就。……而修習者無始至今所積惡業悉皆消滅，一切福惠速得圓滿，一切障礙悉能回遣，一切成就盡皆克獲。[39]

還有，欲樂定這樣的修法雖然專為在家行人所設，但並非人人皆可隨意修習。若得不到正確的引導，或修習失當，不但不能速成正覺，相反會墮惡趣。如云：

> 倘若傍倚此門，非理而作，罪大不少。……如是果乘甚深密法，非器勿傳，片成莫受。……不信其義者，此人決定現世受其貧窮、官事、口舌、一切疾患，直至臨終，失於正念。死後墮落三塗（途），受無量苦，世世不能見佛聞法。[40]

依此而言，於元朝宮廷參與實修「秘密大喜樂禪定」的那些「大根腳出身」的蒙古君臣們實乃下根化機，他們與諸多行手印一起修欲樂定，似並沒有參透空樂無二之理，修成即身成佛之正果，相反落得個敗走朔漠，墮落三途的下場，也使得他們修習的「秘密大喜樂禪定」從此蒙受不白之冤，成了蒙元王朝急速走向敗亡的替罪羊。

事實上，欲樂定的修行並非必須依行手印進行男女雙修，而且即

39 《依吉祥上樂輪方便智慧雙運道玄義卷》，《大乘要道密集》卷一，第29-31頁。

40 《依吉祥上樂輪方便智慧雙運道玄義卷》，《大乘要道密集》卷一，第31頁。

使雙修也不是非要實修不可，而是可以借助記句手印（samayamudrā 或 dam tshig gi phyag rgya，譯言三昧耶手印）、法手印（dharma-mudrā 或 chos kyi phyag rgya）和大手印（mah'mudrā 或 phyag rgya chen po）進行觀修，同樣可以速成正等覺。對此，《因得囉菩提手印道要》中說：「以現印而作交融修則亦可；或依智印修則亦堪。如乘騎馬，速得達至所願往處。」[41]

此即是說，不管是依行手印實修，還是依見、觸或者智印觀修，本質上沒有區別，其目的只是為了能夠速成正覺。再有，按照《依吉祥上樂輪方便智慧雙運道玄義卷》中的說法，「今依密教，在家人則依行手印入欲樂定，若出家者依餘三印入欲樂定，契於空樂無二之理也。」[42]

這明確規定了出家人不能與行手印實修欲樂定。而依記句手印和法手印入欲樂定者，都是觀想佛本尊、想自身頓成本佛之慢，次第受於四喜至俱生喜，入空樂不二之定。[43]是故，僅僅是對於在家人而言，修欲樂定是實修，故是實指；而對於出家人來說，修四手印是觀修，故對儀軌中的語言、符號都不應該按其字面意義，而應該按其喻

---

41 對應藏文作：dngos kyi phyag rgya dang snyoms par'jug pa'i tshul gyis bgrubs kyang rung/ blta ba dang/ reg pa'i tshul tsam la brten nas bsgrubs kyang rung/ ye shes kyi phyag rgya la brten nas bsgrubs kyang rung ste/ rta la zhon pas gang'dod sar myur du phyin pa ltar/ sang rgyas kyis sar myur du phyin byed pa，見Slob dpon Indra bhūtis mdzad pa'i phyag rgya'i lam skor, p.466.

42 《依吉祥上樂輪方便智慧雙運道玄義卷》，《大乘要道密集》卷一，第29頁。

43 一說一切無上瑜伽部之母續皆有四手印，細分外、內、顯現和大手印四部，外修業（行）手印、內修記句手印和拙火定、顯現則修法手印和幻身定、大手印則修光明定和俱生喜。mu rgyud thams cad phyag rgya bzhi ste/ phyi las kyi phyag rgya/ nang dam tshig gi phyag rgya gtum mo/ snang ba chos kyi phyag rgya sgyu lus/ phyag rgya chen po ni'od gsal dang lhan cig skyes sbyor/見Rang byung rdo rje, Zab lam nā ro chos drug gi gsal byed spyi chings dang khrid yig dang bcas pa bzhugs so（《甚深道捺囉六法之作明總綱與指南》），Rang byung rdo rje bka''bum.

指的意義來理解，是喻指。

同書又說：

> 若依大手印入欲樂定者，然欲樂定中所生覺受要須歸於空樂不二之理故，今依大手印，止息一切妄念，無有纖毫憂喜，不思不慮，凝然湛寂，本有空樂無二之理而得相應，即是大手印入欲樂定，歸空樂不二之理也。[44]

可見，密教的大手印修法實與禪宗始祖菩提達摩於《二入四行論》中所說的「理入」之理如出一轍，[45]然與《庚申外史》和《元史》中所說的淫戲南轅北轍。事實上，「大手印」「大喜樂」和「樂空

---

44 《依吉祥上樂輪方便智慧雙運道玄義卷》，《大乘要道密集》卷一，第28頁。無二金剛（gNyis med rdo rje，即銘得哩斡師Maitrīpa）造《四手印要門》（Phyag rgya bzhi'i man ngag）中對大手印之定義如下：「大手印者，諸法無生之本性雙運，離二取之分別，捨棄煩惱與所知等障，如實覺受自性，乃無垢之果。彼之真性者，非邊、中諸法具色，遍滿一切，不變、乃一切時。是故，大手印者，於一剎那現成正等覺，於四剎那和四喜無分別（phyag rgya chen po ni chos thams cad skye ba med pa'i ngo bo zung du'jug pa/ gzung ba dang'dzin pa'i rtog pa dang bral ba/ nyon rmongs pa dang shes bya la sogs pa'i sgrib pa spangs pa/ ji lta pa bzhin du rang gi mtshan nyid nyams su myongs pa ste/ dri ma med pa'i'bras bur brjod do// de'i ngo bo ni mtha'dbus kyi chos thams cad gzugs can ma yin pa dang/ thams cad du khyab pa dang/ mi'gyur ba dang/ dus thams cad pa'o// des na phyag rgya chen po ni skad gcig ma gcig la mngon par rdzogs par sangs rgyas pa ste/ skad gcig ma bzhi dang dga'ba bzhir dbye ba med do/見《德格版西藏大藏經》No.2295, bsTan'gyur, zhi, 214a6-7.

45 《二入四行論》云：「夫入道多途，要而言之，不出二種，一是理入，二是行入。理入者，謂藉教悟宗。深信含生，同一真性，但為客塵妄〔想所〕覆，不能顯了。若也，舍妄歸真，凝住壁觀，無自無他，凡聖等一，堅住不移，更不隨於文教，此即與理冥符，無有分別，寂然無為，名之理入。」關於《二入四行論》的不同文本，參見林世田、劉燕遠、申國美等編，《敦煌禪宗文獻集成》，北京：全國圖書館文獻縮微複製中心，上，第367-437頁。

不二」等等，雖然說法不一，但於哲學、義理的層面上與「成就究竟等覺」「成正覺」，即通常所說的「覺悟」「成佛」同義。[46]由此可見，諸如「秘密大喜樂禪定」「樂空不二」「方〔便〕智〔慧〕雙運」「方智交融」和「大手印」等等，儘管內含不同的實修方法，但其本身即是「成正等覺」「覺悟」和「成佛」的同義詞，在這意義上說，它們都不過是成佛這一概念的涵指符號。

五 《僧尼孽海》中的「演揲兒法」和「秘密大喜樂禪定」

前述元朝宮廷內發生的密修「演揲兒法」和「秘密大喜樂禪定」的故事源出自《庚申外史》，原本是小說家言，屬於野史、逸聞；但它被明初史官採納、誤解，然後以訛傳訛地編入了《元史》，從此成為官修正史的一部分，形成為漢文化傳統有關藏傳佛教的「官方話語」。這種「官方話語」長期在民間流傳，且被不斷演繹，其內容日益豐富。我們不但於明人筆記中見到了不少有關「歡喜佛」「以身布施」和「大喜樂」等類似《庚申外史》的記載，[47]而且更在不少明代

46 藏傳佛教傳統中有將噶舉派所傳的大手印法指稱為「和尚之教者」，二者於覺悟之進路上確有明顯的相同之處。晚近Klaus-Dieter Mathes先生專力於研究西藏所傳大手印法的印度源流，將大手印法分成顯教之大手印和密教之大手印，並觀察其合流的過程，肯定西藏所傳大手印法之印度源頭。參見Klaus-Dieter Mathes, "Blending the Sūtras with the Tantras: The influence of Maitrīpa and his circle on the formation ofSūtra Mah'mudr'in the Kagyu Schools", Tibetan Buddhist Literature and Praxis: Studies in its Formative Period900-1400.Ed.by Ronald M.Davidson and Christian K.Wedemeyer (Proceedings of the Tenth Seminar of the IATS, Oxford 2003, vol.10/4). Leiden: Brill, 2006, pp.201-227.

47 參見沈衛榮《「懷柔遠夷」話語中的明代漢藏政治與文化關係》，見氏著《西藏歷史和佛教的語文學研究》，上海：上海古籍出版社，2010年，第586-613頁。

著名的情色類小說中讀到了被進一步小說化了的番僧和他們所修「演揲兒法」和「秘密大喜樂禪定」的故事。經過明代小說家的文學再創造，不但曾經的「正史」重又變成了「小說家言」，而且也給那段本來撲朔迷離的歷史增添了濃重的戲劇色彩，使得它以更加傳奇和小說化的形式在民間廣泛流傳。

偽託「吳越唐寅」選輯的《僧尼孽海》是明代中後期成書的一部著名的情色小說，專寫僧尼淫亂故事，乃摭拾當時流行小說中有關僧尼淫行的內容匯輯而成，共收集三十六則短篇故事，其中僧部十五則，尼部十一則。故事來源有《如意君傳》《金瓶梅詞話》等通俗小說，也有採自文言小說集《繡谷春容》者。但其中的一則故事題為「西天僧西番僧」，卻源出自「正史」，基本照抄了《元史・哈麻傳》中有關元廷所修「演揲兒法」和「秘密大喜樂禪定」的記載，然後添油加醋，把這個本來有類小說家言的見於「正史」中的故事進一步小說化。作者別出心裁地用自己熟悉的文化因素對這兩種他一無所知的西藏密法作了合乎當時代漢族士人文化之情理的詮釋，同時還把因發掘南宋皇室陵寢而臭名昭著的元代江南釋教總統、河西僧楊璉真伽也編排進去，把他塑造成了一個十足的淫棍。於是，小說家的編排和歷史事件雜糅在了一起，說的是同一個故事，由於敘述方式的不同，其對故事的解讀大異其趣，對於讀者的影響也大不相同。為方便討論，茲先照錄《僧尼孽海》中編排的這段故事：

> 元順帝時，哈麻嘗陰進西天僧，以運氣術媚帝，帝習為之，號演揲法兒，華言大喜樂也。哈麻之妹婿集賢學士禿魯帖木兒，性奸狡，有寵於帝，言聽計從。與老的沙、八郎、答剌為吉的、波迪哇兒瑪等十人俱號倚納。亦薦西番僧伽璘真於帝。伽璘真善秘密法，謂帝曰：「陛下雖尊居九重，富有四海。其

〔不〕過保有見世而已，人生能幾何？當受此秘密大喜樂禪定。」帝又習之。其法亦名「雙修法」，曰：「演揲兒」「秘密法」。皆房中術也。帝日從事於其法，乃廣取民間十五歲以上、二十歲以下婦女，恣肆淫戲。[48]號為「採補抽添」，其勢甚多，略舉其九：

第一曰：「龍飛勢」。——第二〔曰〕：「虎行勢」。——第三〔曰〕：「猿搏勢」。——第四〔曰〕：「蟬附勢」。——第五〔曰〕：「龜騰勢」。——第六〔曰〕：「鳳翔勢」。——第七〔曰〕：「兔吮勢」。——第八〔曰〕：「魚遊勢」。第九〔曰〕：「龍交勢」。——。

又選採女為十六天魔舞，又詔西天僧為司徒，西番僧為大元國師。各選良家女數十人供其淫毒。其徒亦皆取良家女，或四人，或三人奉之，總謂之供奉。民間女子遭其害者，巷哭裏嗟，不計其數。八郎者，帝諸弟，與其所謂倚納者，皆在帝前褻狎不諱，至聚少壯漢兒並婦人、女子倮處一室之中，不拘同姓異姓，任其自相嬲弄。或以尊行而污卑幼，或以卑幼而淫尊行，皆無避忌。號曰暨即兀，華言事事無礙也。

西天僧又與西番僧迭相輪轉，出入禁中，夜宿宮闈，姦淫公主，至於嬪御多人，則隨他擇其雛而美者淫之。金蓮半起，海棠強拭，新葩玉體，金偎芍芙，驟沾風雨，雖女子畏縮難堪，而西僧必破壘穿蕾，盡根徹腦然後已。群僧見其流丹浹藉，如

48 《庚申外史》和《元史》中均無雙修明妃之年齡的記載，此顯為小說作者之杜撰。《因得囉菩提手印道要》中有說明母之年齡如下：「依彼等之年紀，則十二歲母為上上，十六歲母為上，二十歲母為中，二十五歲母為下。」此或可足證此處之小說家言純屬無稽之談。國家圖書館善本部藏本，第3頁。

痛忍疼，則爭前搏弄，以為笑樂。醜聲穢行，四野著聞，即市井無賴之人，羞出於口。帝惟知習法為快，無所禁止。

僧之濁亂寰宇、淫污帷薄，莫有甚於此時也，只有狠〔賊〕髡楊璉真伽淫毒更甚。凡境中大小女子，先以冊藉申報姓名，至出嫁之日，不論美惡，必先迎至府中，強禦之，取其元紅，然後發歸夫家完聚。有得意者，則強留三五夕，摧殘狼藉而後發還，且不時喚入府中，為快己意。設有隱瞞倔強者，登時兩家俱罹橫禍，財散人離，無復完聚。見婦人有姿色者，便取進府中，淫嬲萬狀，諸人側目，莫敢詣何。即介朱兆之污辱洛陽女子，無此狠惡也。腥風膻雨，簸蕩恒河，穢露臊雲，遺漫世界，若非大手力者汛掃之，人人沉黑海矣。

不禿不毒，不毒不禿。惟其頭禿，一發淫毒，奈何今之四民，尤諄諄呼和尚為佛爺，尊之為大師矣，可悲甚矣！[49]

不難看出，上引《僧尼孽海》中所說的「西天僧西番僧」故事，其主題就是《元史・哈麻傳》中有關「演揲兒法」和「秘密大喜樂禪定」的內容，其中增添的小說家的成分最主要的部分便是將元朝宮廷中所修的藏傳密法「演揲兒」「秘密法」和「雙修法」移花接木，演繹成了漢族房中經典中的「採補抽添」之「九勢」。很顯然，小說作者對藏傳密教利用「氣（風息）」「脈」「輪」和「明點」修習欲樂定、得大喜樂成就的修法一竅不通，故完全接受了《元史・哈麻傳》中傳出的「官方話語」，將元廷修習的藏傳密法當作純粹的「淫戲」和「房中術」來描述了。而其所謂「採補抽添」之「九勢」與藏傳密

49 《僧尼孽海》，明清善本小說叢刊初編，第十八輯，豔情小說專輯，臺北：天一出版社，1985年。

教的修法當然毫無關係，它們是漢族古代房中術中相當著名的東西，源出於中國古代房中經典——《素女經》。對照明代著名的性學（房中術）專論《素女妙論》卷二之《九勢篇》則可知，《僧尼孽海》中用來描述「西天僧、西番僧」所傳之「演揲兒法」，或曰「雙修法」者，與傳為素女所傳的「採補修煉之術」中的「九勢」完全一致。[50]這充分印證了跨文化交流中出現的一個帶有普遍性的現象：為了要解釋一種作者所不瞭解的外來的文化現象，必須借助自己文化中所固有的東西，把兩個本來風馬牛不相及的東西附會在一起，用後者來解釋前者，以保證其讀者能心領神會。這裏，《僧尼孽海》的作者故意引用漢族文化傳統中的房中經典，解釋元廷所傳的藏傳密法——「演揲兒法」和「秘密大喜樂禪定」。於是，本來人們只是道聽塗說來的，既不熟悉，又無法理解的那些連名稱都聽起來十分怪異的藏傳佛教修法，從此耳熟能詳，變得十分容易理解了。其結果是，它們從此便永遠和「淫戲」，即荒淫、腐朽和無恥連結在一起了。[51]而其本來帶有的

50 詳見高羅佩著、楊權譯《秘戲圖考——附論漢代至清代的中國性生活》，廣州：廣東人民出版社，1998年，第317-319頁。有意思的是，《道果延暉集》(《大乘要道密集》卷一，第16頁）中述修欲樂定略道之終截時，也提到了「象迭」「虎嘯」「猛獸吐」「狐鷍」等勢，但與此述之「九勢」毫無關係。其云：「疏終截者，頌曰：象迭當於臍間交按二拳，用力稱迭，及虎嘯次按心間力稱兮吽，猛獸吐次按喉間力稱訶訶，狐鷍次按頂旋而兮兮，以鼻顃風，從臍、心、喉、頂次第當提攜，即拳按臍等，如前側注也，解脫印令均謂解脫印，如法作已，紐身上下，遍折身份，左右二手，而於左右如束腰帶，使菩提均。」《大乘要道密集》卷一，第16頁。

51 同樣的例子也可見於將或源出於道教的所謂「磨臍過氣之法」來附會元代的「大布施」或者「大喜樂法」。明人筆記《留青日劄》卷27記載：明時「有淫婦潑妻又拜僧道為師為父，自稱曰弟子，晝夜奸宿淫樂。其丈夫子孫亦有奉佛入夥，不以為恥。大家婦女雖不出家，而持齋把素，袖藏念珠，口誦佛號，裝供神像，儼然寺院。婦人無子，誘雲某僧能幹，可度一佛種。如磨臍過氣之法，即元之所謂大布施，以身布施之流也。可勝誅邪!亦有引誘少年師尼，與丈夫淫樂者，誠所謂歡喜佛矣」。參見田藝蘅《留青日劄》，上海：上海古籍出版社，1992年，第511頁。對所

崇高的宗教意義則被無情地拋到了九霄雲外。

《僧尼孽海》之「西天僧西番僧」的故事中專門對楊璉真伽之「淫毒」作了重點的描述，加進了不少本來難見容於正史的、有辱斯文的「色情」內容。除此之外，在另外一則有關「沙門曇獻」的故事中，楊璉真伽再次被提到，並被描寫成了一位奸屍的淫賊。其云：

> 元髡楊璉真伽掘發〔傳曾與曇獻私通之胡後的〕陵寢，開其墓，見後面色如生，肌膚豐腴，強淫之，體冷如冰，而牝中氣覺蒸蒸然熱，與活人無異。復縱諸髡次第淫之，忽聞屍有歎息聲，楊髡以為妖，碎劈其屍，精血滿地，取其殉葬珠玉而去。[52]

顯然，《僧尼孽海》的作者在楊璉真伽身上花如此多的筆墨並非是無緣無故的，他捏造這些故事實際上與元代歷史上對於漢族士人來說有切骨之痛的一段傷心史有關，將楊璉真伽描寫成一位不知饜足的淫賊不過是對他進行醜化，由此而發洩對他的刻骨的仇恨的一種非常

謂「磨臍過氣之法」之來歷，筆者尚無從查考，《西遊記》第二回載悟空向祖師須菩提問道，其中有云：祖師道：「教你『動』字門中之道，如何？」悟空道：「動門之道，卻又怎麼？」祖師道：「此是有為有作，採陰補陽，攀弓踏弩，摩臍過氣，用方炮製，燒茅打鼎，進紅鉛，煉秋石，並服婦乳之類。」見《西遊記》，北京：人民文學出版社，1980年，第17頁。此處祖師所言「動門之道」，顯然都是與道家的房中之術相關的東西，故「磨臍過氣之法」當也是道家的修法，與藏傳密教無關。可它常被人用來比附藏傳密教的「大喜樂禪定」。《僧尼孽海》中《沙門曇獻》一節，說曇獻「善運氣術，其畜物時縮時伸。縮則有若大鬮，伸則長至六七寸，粗硬堅熱，手不能握。故當夕僧欲無不皺眉咬齒。居寺半載，以講經說法為名，煽惑婦女，四方男婦環聽者，莫計其數。獻選拔男女之尤者，分列左右為首足弟子。男則傳戒授法，女則摩臍過氣」。這顯然也是附會了《元史·哈麻傳》中所記載的「以運氣術媚帝」的「演揲兒法」和「秘密大喜樂禪定」，並用道家的「磨臍過氣之法」給這兩種外來的秘法作了一個注腳。

52 《僧尼孽海·沙門曇獻》。

極端的方式。眾所週知，元初任江南釋教總統的河西僧楊璉真伽曾在元世祖忽必烈汗及其宰相桑哥的慫恿下，於元至元二十一年（1284）發南宋皇陵，盜其中珍寶，並將諸皇陵骨雜置牛馬枯骼中，築一塔鎮之，名曰鎮南。還截宋理宗頂，以為飲器。時人哀歎：「嗟乎！談宋事而至楊浮屠尚忍言哉？當其發諸陵，盜珍寶，珠襦玉匣，零落草莽間，真慘心奇禍，雖唐、林兩義士易骨潛瘞，而神魄垢辱，徹於九幽，莫可雪滌已。」[53]自此以後，楊璉真伽變成了古今第一號的西番惡僧，人稱「楊髡」，或曰「賊髡」，江南士人吟詩作詞，對他口誅筆伐者，代不乏人。連在他總統之下塑造的杭州飛來峰上的佛像也受其牽連而頻頻遭殃，曾再三遭掊擊，以致身首異處。[54]元代歷史文獻中多有控訴楊璉真伽之種種惡行者，其中有稱「又民間金玉、良家子女，皆以高價贖買，以其貲財有餘，奢淫無所不至。由此南方風俗，皆為此曹壞亂」。[55]而《僧尼孽海》中對楊璉真伽之「淫毒」的描述不過是對上述元代歷史文獻作了一個小說化的注腳而已。

六　《續金瓶梅》中的「喜樂禪定」和「天魔舞」

如果說像《僧尼孽海》一類的明代情色文學作品中對番僧及其所修秘法的描述還不算太戲劇化、小說化，其中還保留了一些原本見於正史的內容的話，那麼到了清代的情色小說中，這些本來還有些歷史影子的東西就已經被徹頭徹尾的文學化了。我們或可以清初文人丁耀亢（1599-1669）所著情色小說《續金瓶梅》中對「西番演教」的描寫為例，來看清人是如何憑藉文學的想像來注解那些曾經見諸正史的

53 田汝成，《西湖遊覽志餘》卷6，《板蕩淒涼》，北京：中華書局，1965年，第116頁。
54 參見沈衛榮上揭文《神通、妖術和賊髡：論元代文人筆下的番僧形象》。
55 《廟學典禮》卷3，《文淵閣四庫全書》本，648冊，第360頁上。

歷史故事的。在《續金瓶梅》中，那些曾經在《元史》中出現的、傳為西天僧、西番僧所傳的西番秘法，即「演諜兒法」「天魔舞」和「大喜樂禪定」等，都被極為誇張的文學描寫賦予了固定和豐富的內容，宗教的儀軌通過文學的創造被無情地世俗化和情色化了，最終演繹成為純粹的、無恥的、帶異域情調的淫戲。

《續金瓶梅》第三十九回《演邪教女郎迷性，鬧齋堂貧子逢妻》中，講述大覺寺請「番姑」演教的故事，其中心內容如下：

> 日落天晚，番姑才安排壇場，這些看的婦女，和這燒香的閒漢，都立住了腳觀看，有說是請下活菩薩來的，有說是試他法術要拆剝活人的，門里門外，不知有多少人，等著看這百花姑演教。連這福清姑子也不知演甚麼法，講甚麼經。到了掌起燈燭來，大殿上擊鼓念晚功課，這百花姑還不見上座。但見：
>
> 懸幾盞琉璃彩花燈，畫的是男女摟抱，盤膝打坐，中通二竅陰陽，卦幾行西番神圖像，總是些鬼怪凶淫，扳臂偎胸，傍立著三天待從。菩薩合眼，便道是極樂世界；修羅努力，全要逞戰勝機鋒。分明是二十四解春官，卻道是五十三參法相。也有那執刀仗劍，手取人頭，青臉紅髮，號作助兵的神將；也有那騎獅跨象，頂開天眼，三頭六臂，稱為護國的天師。番經幾卷，蚯蚓橫念真文；法鼓兩行，人皮張成底面。但開壇，嗚螺擊鼓，先要吐火吞刀；一登床，借坎填離，說是和泥運水。演諜法門稱外道，醍醐灌頂說西方。
>
> 大殿晚功課一畢，只見喇嘛吹起四支海螺來，嗚嗚之聲如鼉鳴虎吼相似。待不多時，把二十四面大鼓一齊打起，鬧成一塊。但見喇嘛和尚們也不拜佛，也不打坐，抬出一尊烏斯藏鎏金的佛來，有二尺余高，卻是男佛女佛合眼相抱，赤身裸體，把那

個陽具直貫入牝中，寸縫不留，止有二卵在外，用一烏木螺甸九重寶塔龕內安坐，使黃綾幔帳遮蓋，不許外人窺看。這就是大喜樂禪定佛祖了。兩僧將佛供在中間，百花姑才下了法座，繞佛三匝，把手中銅鼓搖起，如今貨郎鼓一般。口裏念著番咒，拜了九拜，卻自己先取了一柄大鼓，下墜銅環，和女巫、端公一樣，把屁股搖著打起，唱的曲兒嬌色浪氣，極是好聽。這些女喇嘛，一人一面鼓，齊齊打起，和著番曲，聒得地動山搖，言語全聽不出來。打了一回，只見四個男喇嘛對舞，左跳右跳，下去了。又是四個女喇嘛對舞，左跳右跳，下去了。又是男女齊跳，女搭著男肩，男搭著女背，前合後仰，側腦歪頭，備極那戲狎的醜狀。這看的婦女們挨肩擠背，著實動火。又見那燈上畫的春容、卦的神像和這龕裏金佛，俱是男女交媾。這些喇嘛們不分男女，顛倒風狂。方丈門外看的年長老成的香客、吃齋識羞的婦女，也有散去的。落下這些淫女邪婦，見這男女相調的光景，也就恨不得混入一夥，貼身交頸，只有這孔、黎二寡婦和金桂、梅玉二女看到迷處，在那眾尼姑香客中，險不把個褲襠兒濕透了，熱一回，癢一回，正自沒有著處，福清送上齋來吃了。只見百花姑上得法座，兩眼朦朧，盤膝打坐。早有一個大喇嘛和尚，四十餘歲，生得黑面鉤鼻，一嘴連腮拳胡的毛查，在佛前手持番鼓，舞得團團轉起來。眾喇嘛一齊和佛，隨著亂轉，滿屋裏轉的風車相似，好不中看，這叫是「胡旋舞」，連供桌上燈燭都舞得昏暗了。「胡旋舞」已畢，這和尚跳上法座，把百花姑摟在胸前，捏鼻子，捏耳朵，摟得緊緊的，用兩腿盤在膝上，入定去了。這些女喇嘛，一個三十歲年紀，生得眼大腮寬，面如赤棗的，纏著紅西洋布，露出胸前錦抹胸來，也手執大鼓，向佛前一左一右、一跳一滾。

> 又一個女喇嘛，生得二十餘歲，白淨面皮，柳眉星眼，唇若塗朱，戴著錦姑姑帽兒，手裏拿起兩面銅拔，各帶紅繩，撇有一丈余高，一上一下，一東一西，對著這擊鼓的並舞不住，真如飛鳳游龍，看的眼花撩亂，這叫是「天魔舞」。這等輪流亂舞，到了三更，佛堂上燈燭將盡，昏暗不明，這些男喇嘛與女喇嘛，一人一對，俱上了禪床，放下黃綾帳幔，一個個面壁盤膝，摟臂貼胸，坐喜樂禪定去了。這百花姑合眼入定，把幾個喇嘛、和尚，不知入定了多少，才完了他的大喜樂禪。直鬧到五鼓，這喇嘛也有下床的、出定的，卻是大盤牛肉、燒酒，每人一盤，是大喜樂齋飯。把這大覺寺裏尼僧們弄得半顛半倒，恨不得也學這演諜法兒，好不快活，卻去冷清清看經念佛，怎如得他們這等禪定。這裏喇嘛們收拾了壇場。以此為常，把個大覺寺開一旁門，做他的喜樂禪林。按下不題。[56]

儘管這裏把《元史》中的「演揲兒法」縮寫成了「演諜」「秘密大喜樂禪定」寫成了「大喜樂禪定」或者「喜樂禪定」「十六天魔舞」寫成了「天魔舞」，但從中不難看出作者所要描述的情狀與元代宮廷所傳的藏傳密法有關，它用了一個有具體人物、場景的故事和生動、細緻的描述對那些原來語焉不詳的藏傳密教儀軌作了明白、形象的描述。在丁耀亢筆下，西番男、女喇嘛所演之教，即所謂「演揲兒法」和「秘密大喜樂禪定」，原本就是在佛家清淨之地、僧俗法眾廣目之下所進行的「雙修法」或者「多修法」。這些描述自然多半出自作者的文學想像，其中除了一些皮相的東西，如那尊「男佛女佛合眼相抱」的「烏斯藏鎏金的佛」像，聽起來有點像是西番教的東西以

56 丁耀亢，《續金瓶梅》，濟南：齊魯書社，2006年，第277-279頁。

外，[57]其關鍵性的內容都與藏傳密教的修法無關，純屬作者的憑空捏造和蓄意誇張。譬如，這裏對所謂「胡旋舞」和「天魔舞」的著力描述就相當的離譜，「胡旋舞」流行於唐代的長安城，傳自西域康國，本來與藏傳佛教的修法風馬牛不相及，把它與藏傳密法的修行聯繫到一起純屬胡編亂造。而所謂「天魔舞」指的大概就是《元史》中提到的「十六天魔舞」，但這裏將它描寫成男女喇嘛的淫戲則有悖元代宗教和宮廷史實。對於「十六天魔舞」《元史・順帝紀六》中有相當詳細的記載，其中稱：

> 時帝怠於政事，荒於遊宴，以宮女三聖奴、妙樂奴、文殊奴等一十六人按舞，名為十六天魔，首垂發數辮，戴象牙佛冠，身披纓絡，大紅銷金長短裙、金雜襖、雲肩、合袖天衣，綬帶鞋襪，各執加巴剌般之器，內一人執鈴杵奏樂。又宮女一十一人，練槌髻，勒帕，常服，或用唐帽、窄衫。所奏樂，用龍笛、頭管，小鼓、箏、纂、琵琶、笙、胡琴、響板、拍板。以宦者長安迭不花管領，遇宮中贊佛，則按舞奏樂。宮官受秘密戒者得入，餘不得預。[58]

---

57 沈德符《萬曆野獲編》卷26，《春畫》有載：「予見內庭有歡喜佛，云自外國進者。又有云故元所遺者。兩佛各瓔珞嚴妝，互相抱持，兩根湊合，有機可動，凡見數處。」北京：中華書局，1959年，第659頁。

58 《元史》卷43，《順帝紀六》，第918-919頁。基本相同的記載也見於《庚申外史》卷2，其中於上引段落之前云：「而帝方與倚納十人行大喜樂法，帽帶金玉佛，手執數珠，又有美女百人，衣瓔珞，品樂器，列隊唱歌金字經，舞雁兒舞，其預選者名十六天魔。」見任崇岳《庚申外史箋證》，第89頁。《元史》與《庚申外史》對於「十六天魔舞」的記載基本相同，當是同一來源。此或《元史》再次取材於《庚申外史》也未可知。

從這段記載中，我們不難看出流行於元朝宮廷中的「十六天魔舞」應該是在宮中贊佛時所進行的一場音樂、舞蹈秀，與「雙修」無關。對此元代的詩文中也說得很明白，例如元人張昱的《輦下曲》中如此描述「天魔舞」：「西天法曲曼聲長，瓔珞垂衣稱豔妝。大宴殿中歌舞上，華嚴海會慶君王。西方舞女即天人，玉手曇華滿把青。舞唱天魔供奉曲，君王常在月宮聽。」[59]還有周憲王宮詞有云：「背番蓮掌舞天魔，二八華年賽月娥。本是河西參佛曲，來把宮苑席前歌。」[60]《草木子》卷二也說：「其俗有十六天魔舞，蓋以朱纓盛飾美女十六人，為佛菩薩相而舞。」[61]顯而易見，「十六天魔舞」與男女雙修本無關聯，將它誤解為與雙修相關的「淫戲」完全是後人故意的歪曲和捏造。而這種歪曲大概也開始於《庚申外史》卷二所載錄的小說家言，如云：

> 〔元順帝〕建清寧殿外為百花宮，環繞殿側。帝以舊例五日一移宮，不厭其所欲，又酷嗜天魔舞女，恐宰臣以舊例為言，乃掘地道，盛飾其中，從地道數往就天魔舞女，以晝作夜，外人初不知也。[62]

由此可知，儘管「十六天魔舞」本身或與元宮廷中盛行的「雙修」或「多修」無關，但那些「天魔舞女」則顯然已經淪為元順帝宮廷后妃之外的特殊的性玩伴了。元朝宮廷中的這種習俗很快也開始在

---

59 張昱，《輦下曲》，《張光弼詩集》卷3，四部叢刊續編本，72冊，葉12上、15上。

60 朱權，《元宮詞》，《四庫全書存目叢書》集部24，濟南：齊魯書社，1997年，第270頁。

61 《草木子卷三・雜制》，北京：中華書局，1956年，第65頁。

62 任崇嶽，《庚申外史箋證》，第103頁。

民間廣泛流傳，不但蒙古貴族樂此不疲，而且漢族豪強亦染此習，「十六天魔舞」之風習遍歷全國各地。如張士誠之弟「張士信後房百餘人，習天魔舞隊，珠玉金翠，極其麗飾」。[63]

事實上，與所謂「十六天魔」對應的是藏文 Rig ma bcu drug，譯言「十六明母〔妃〕」，或者 lHa mo bcu drug，譯言「十六天女」。「十六天魔舞」原本是自西夏開始就已經流傳的「吉祥上樂輪中圍供養儀軌」的一部分，由十六位音樂天女彈奏各式樂器，載歌載舞，念誦明咒，以此作為對吉祥上樂中圍（壇城）的供養奉獻。在西夏黑水城漢文佛教文獻、吐魯番古回鶻文佛教文獻中所見的有關「吉祥上樂輪」儀軌的文獻中，我們都找到了與「十六天魔舞」相關的內容。[64]元朝帝師八思巴上師曾於一二五三年在開平府為尚在潛邸的忽必烈汗造《十六天魔之供養文二章》（Rig ma bcu drug gi mchod pa'i tshig tshan gnyis bzhugs），可見以「十六天魔」供養吉祥上樂輪本尊的修法很早就在蒙古信眾中間流傳了。而元代著名的沙魯派大師布思端上師也曾造《勝樂之十六供奉明妃供養舞蹈軌範》（bDe mchog gi nyer spyod rig ma bcu drug gi mchod pa'i gar dpe bzhugs so），從中可確知所謂

63 《農田餘話》卷上。參見王頲《妝女組隊——「天魔舞」的傳播及淵源》，《西域南海史地研究》，上海：上海古籍出版社，2005年，第276-292頁。

64 漢文文獻中最早出現「十六天母」的記載當是見於《俄藏黑水城文獻》中的一部傳自西夏時代的題為《大集輪□□□聲頌一本》的供養上樂中圍的長篇儀軌中，其中有包括音、義兩譯的「十六天母」的完整名錄。見《俄藏黑水城文獻》第二冊，上海：上海古籍出版社，1996年，第113頁；在現藏於北京國家圖書館善本部的一部西夏時代漢譯的《吉祥上樂輪本續》釋論——《新譯吉祥飲血王集輪無比修習母一切中最勝上樂集本續顯釋記第三》的殘本中就有兩段以「十六供養天母」供養吉祥上樂輪中圍的內容。元代畏兀兒文譯《吉祥上樂輪中圍現證修習儀》中所見的「十六天母供養」，參見Georg Kara and Peter Zieme, Fragmente tantrischer Werke in uigurischerÜbersetzung, Berlin: Akademie Verlag, 1976, pp.37-41.

「十六天魔舞」之軌範及其象徵意義。[65]它與漢文文獻中恣意渲染的「雙修法」或者「多修法」毫無關聯。

七　結語

《元史》中有關西天僧、西番僧於蒙古宮廷所傳的「演揲兒法」和「秘密大喜樂禪定」的記載或源出於明初出現的民間野史《庚申外史》，本屬小說家言之流。但這些故事因被納入了官方正史，遂成為此後漢族文化傳統中對藏傳佛教修法之理解的官方說法，復經後世之好事者、小說家迭加渲染、鼓吹，將它們添油加醋地編排進了眾多流傳甚廣的情色類小說之中，於是，本來人們很陌生，甚至很神秘和不解的藏傳密教修法從此便耳熟能詳，成了「房中術」或者「淫戲」的代名詞，歷經批判和嘲弄。即使到了今天，人們一提到「演揲兒法」和「秘密大喜樂禪定」，首先想到的依然是「雙修」和「房中術」，儘管我們對這兩種藏傳密法的源流的瞭解已經遠不是先前那樣的無知和淺薄了。然而，於藏傳佛教本身的宗教語境中，「演揲兒法」和「秘密大喜樂禪定」是將貪嗔癡轉為道用，「以五害煩惱為正而成正覺」的殊勝方便，「大喜樂禪定」和「悲智雙運」「樂空雙運」「方惠雙運」和「大手印」等名稱一樣不過是成佛、成正等覺的一種涵指符號。所謂「秘密大喜樂禪定」是佛教瑜伽行者依四手印，修欲樂定，最終達到與尊佛攝受、欲樂和所願平等，即身成佛的一種特殊的修行儀軌。所謂「以即彼凡夫之貪欲為道，以大悲心，次第將此凡夫之貪

65 參見沈衛榮、李嬋娜《「十六天魔舞」源流及其相關藏、漢文文獻資料考述》，載沈衛榮主編《文本中的歷史：藏傳佛教在西域和中原的傳播》，北京：中國藏學出版社，2012年，第499-564頁。

欲轉成遍起之菩提心，為利益一切有情，證得正等佛果」。[66]「秘密大喜樂禪定」於藏傳佛教語境和漢族傳統文化語境中意義的差別之大何異於天壤哉！

66 'dod pa mnyam pa ni/ tha mal pa'i'dod chags'di nyid lam du byas la/ rim gyis tha mal pa'i'dod chags de nyid snying rje chen pos kun nas bslangs pa'i byang chub kyi sems su bsgyur la/ sems can thams cad kyi don du rdzogs pa'i sangs rgyas thob par bya'o snyam pa ni'dod pa mnyam pa'o，見Slob dpon Indra bhūtis mdzad pa'i phyag rgya'i lam skor, p.467.

第四章
懷柔遠夷話語中的明代漢藏文化交流

一　引言

明朝是一個於推翻了外族征服王朝之後建立起來的重新以漢族為統治者的王朝，在結束了百餘年所謂「冠履倒置」的胡人統治之後，明朝廷常以「式我前王之道」作標榜，以恢復、重建華夏王朝之統治秩序為已任。雖然明朝制度承襲元朝舊制者居多，但也有一些根本性的改變。其中非常重要的一項改變就是重建曾被蒙古人打破了的「夷夏之辨」，樹立明朝作為「華夏之治」的資格和認同。從這一認同出發，明朝廷重拾漢族王朝傳統的「懷柔遠夷」政策，並以此為其與周邊民族交往的基本準則。這不但改變了其前朝天下一家（大元兀魯斯）的統治格局，而且亦使明中央王朝與其周邊民族間的關係發生了巨大的變化。本文試圖從「懷柔遠夷」這一話語（discourse）出發，來分析明朝與西藏間的政治、文化關係。

二　「懷柔遠夷」與「嚴夷夏之辨」

明朝興起時曾以「驅除胡虜，恢復中華」為號召，然其立國卻多承前朝餘蔭。元朝偌大的江山，於蒙古人手中不足百年便破敗了下來，然對於其後繼者來說卻是一份不可多得的寶貴遺產。蒙古人之興起依靠的是摧枯拉朽的軍事力量，而明朝消滅群雄、平定海內，時勢、謀略功不可沒，其用兵則時常捉襟見肘。納入明朝版圖內的許多邊疆地區，都因對方「慕義來廷」「望風款附」，「不勞師旅之征」而得。倘若沒有元朝打下的基礎，很難想像明朝會有那麼大的力量和雄心去經營像西藏這樣廣大的邊疆地區。明太祖朱元璋曾於洪武七年（1374）七月的一封詔諭中說：

> 朕自布衣，開創鴻業，荷天地眷祐，將士宣勞，不數年間削平群雄，混一海宇。惟爾西番、朵甘、烏思藏各族部屬，聞我聲教，委身納款。已嘗頒賞授職，建立武衛，俾安軍民。邇使者還，言各官公勤乃職，軍民樂業。朕甚嘉焉！尚慮彼方地廣民稠，不立重鎮治之，何以宣佈恩威？茲命立西安行都指揮使司於河州，其朵甘、烏思藏亦升為行都指揮使司，頒授銀印，仍賜各官衣物。[1]

可見，明朝不但以和平的方式建立起了其對西藏地區的統治，而且其於西藏地區的經營實際上只是對元朝於該地區之統治秩序的接管和改編。它所建立的西安（河州）、朵甘、烏思藏三個行都指揮使司，與元代的吐蕃等路、吐蕃等處和烏思藏納裏速古魯孫等三路宣慰使司都元帥府等三個宣慰司一脈相承。此即是說，從行政制度而言，西藏分別先後以三個宣慰司、或三個行都指揮使司的形式加入到了元、明兩代統一的行政體系中。蒙元王朝於西藏近百年的經略，為明朝中央政府繼續於西藏地方行使主權打下了有利的基礎。然而，比較

1 《明實錄》四，《太祖實錄》卷九一（「中央研究院」歷史語言研究所校印本），葉三（第1595頁）。

元、明兩代統治西藏之理念與實際，亦不難發現這二者之間的明顯差別：元朝是一個「野蠻民族」入主中原而建立起來的征服王朝，它對西藏地區與對包括漢族地區在內的其它民族地區的征服和統治一樣，秉承其先「裂土分民」，然後括戶、置驛、駐兵、徵收差稅、入貢與設官分職的一貫原則，將西藏置於其直接的統治之下。[2]而明朝卻重又將其與西藏的關係置之於傳統的「懷柔遠夷」的話語〔框架〕之中。

與強盛時的元朝相比，明朝實在算不上是什麼「天朝大國」，然其詔諭西番土酋的口吻，則儼然是盛唐再世：

> 我皇上受天明命，以九有之師，東征西伐，不勞餘力。四海豪傑，授首歸心，已三十年矣。至如遠者，莫若烏思藏、西天尼八剌國，亦三年一朝，不敢後時。其故何哉？正以君臣之分不可不謹，事上之心不可不誠，征伐之師不可不懼也。是以朝覲之日，錫之以金帛，勞之以宴禮。比其還國，則一國之人同榮之。……夫堂堂天朝，視爾土酋大海一粟耳。伐之何難？取之何難？盡戮其人何難？然而姑容而不爾較者，皇上天地好生之心也。今遣使諭爾酋長：爾其思君臣大義，以時來朝，則福汝、生汝，獲利為無窮矣！其或不悛，命大將將三十萬眾入爾境、問爾罪，爾其審哉！[3]

而其確定對西番採用「懷柔遠夷」政策，則可於洪武六年（1373）二月給朵甘烏思藏等處的一份詔諭中，看得很明白。其曰：

---

2 Luciano Petech, Central Tibet and the Mongols, the Yüan-Sa-skya Period of Tibetan History, Rome: Instito Italiano per il Medio ed Estremo Oriente, 1990.

3 《明實錄》八，《太祖實錄》卷二五一，葉二（第3631-3632頁）。

> 我國家受天明命，統馭萬方，恩撫善良，武威不服。凡在幅員之內，咸推一視之仁。近者懾帝師喃加巴藏卜以所舉烏思藏、朶甘思地面故元國公、司徒，各宣慰司、招討司、元帥府、萬戶、千戶等官，自遠來朝，陳請職名，以安各族。朕嘉其識達天命，慕義來庭，不勞師旅之征，俱效職方之貢，宜從所請，以綏遠人。[4]

西番於明代為「八夷」之一，當時「四夷館，舉東西南北而言之也。其名有八，曰西，曰韃韃，曰回回，曰女直，曰高昌，曰西番，曰緬甸，曰百夷，成祖所立。」[5]儘管明初朝廷曾三番五次派中官出使西番，但未見有關西番形勢之詳細報告傳世。明人對於西番，特別是烏思藏的瞭解委實有限，故不但朝廷以其為化外遠夷，就是於一般士人筆下亦完全是普通番夷之邦的形象。如有人說：「烏思藏遠在西域，山川險阻，人跡少通。溪谷叢篁之間，多蝮蛇猛獸瘴癘山嵐之氣，觸之者無不死亡。」[6]亦有人說：「烏思藏本吐蕃羌戎地，迨唐貞觀始通中國。山川險阻，地裏遼遜。」[7]與此相應，對待西番即與其它化外遠夷一樣，「待以殊禮，封以顯號，特假此以撫其種類，不為邊患。」[8]或曰：「烏思藏遠在西方，性極頑獷，雖設四王撫化，而其來貢必為之節制，務令各安其所，不為邊患而已。」[9]只要這些番王、番僧能恭事朝廷，敬修臣職，朝廷可以巧立名目，賜以種種顯赫的名號，以滿足其政治上的虛榮；亦可以不惜國庫空竭，大肆封賞，

4　《明實錄》三，《太祖實錄》卷七九，葉一（第1438頁）。

5　田藝衡，《留青日劄》，上海：上海古籍出版社，1992年，第57頁。

6　《明實錄》六七，《武宗實錄》卷一三二，葉二（第2619-2620頁）。

7　《明實錄》六七，《武宗實錄》卷一三二，葉五（第2625頁）。

8　《明實錄》四四，《憲宗實錄》卷一二六，葉七（第2410頁）。

9　《明實錄》六六，《武宗實錄》卷一二一，葉三（第2423頁）。

以滿足其物質上的貪欲。只有在番王不服從朝廷之命，守護邊方時，朝廷才會以軍事懲罰相威脅。例如，明廷曾如此詔諭列為西番八大教王之一的贊善王班丹堅剉（dPal ldan rgyal mtshan）：

> 班丹堅剉本以蕞爾小夷，僻處遐壤，過蒙朝廷厚恩，封以王號，正宜敬修臣職，撫允番夷，以圖報稱。今乃蔑棄禮法，大肆狂言，欲結連醜虜，以開邊釁。請移文陝西、四川鎮守總兵等官，務要整飭邊備，防其奸宄。仍賜敕開諭禍福，俾其安守禮法，毋聽小人誘惑為非。從之。[10]

從中，大致可見明代對西番所實行的這種懷柔遠夷政策的實質。[11]

明代士人對待西藏的態度凸現了漢族對待外族之一貫的保守態度，順則撫之，逆則拒之，缺乏開化被其視為化外遠夷的諸西番部族之雄心，僅以保持對方稱臣納貢，「夷不亂華」為滿足。以「懷柔遠夷」作為與周邊「野蠻民族」交往的出發點，於歷史上或曾幫助漢族建立其對周邊民族於民族心理與文化上的優勢，然而於明朝，這種文化優勢的建立卻是以淡化其對周邊民族的制度化的統治為代價的。明朝將其與西藏的關係置於「懷柔遠夷」這一話語之中，帶來了三個明顯的後果：一、「懷柔遠夷」的前提是「嚴夷夏之辨」，所謂：「先王盛時，內外有截，所以嚴夷夏之辨，猶天冠地履，不可易置也。來者不拒，去者不追，安用建官以領護之哉！」[12]基於這一理念，明朝統

10 《明實錄》三五，《英宗實錄》卷二五六，葉九（第5525頁）。

11 關於元、明兩代之朝貢制度，參見乙阪智子《蠻夷の王、胡羯の僧：元、明皇帝権力は朝鮮チベット入朝者に何を托したか》，科學研究費補助金（特別研究員獎勵費）報告書，橫濱市立大學，1998年。

12 錢時，《兩漢筆記》卷九。

治者多以對方入朝進貢和「不為邊患」為其與西番各族交往之主要內容和最高目標，相反於洪武年間就已經建立起來的以三大行都指揮使司為主的直接的行政管理機構卻形同虛設。將西番作為「化外遠夷」對待，實際上是將從行政體制上已經成了明朝之「編戶齊民」的番人重又從它的直接的統治圈內劃出去。於元朝，番僧朝貢只是蒙（漢）藏關係中的一項，而到了明代，它幾乎成了漢藏關係的唯一內容。《明實錄》中所載有關明朝中央政府與西藏地方的往來，十有八九是有關西番使團來京朝貢的記錄。二、明朝從「懷柔遠夷」政策出發，僅滿足於制馭夷狄，不為邊患，於政治上、文化上皆採取消極、保守的防範政策，限制漢、藏間的多元交流，嚴防「以彼蠻夷淫穢之俗，亂我華夏淳美之風」。觀察中國歷史上漢族文明與其周邊其它民族間文化交流的歷史，則不難發現，除了像大唐盛世這樣的少數幾個漢族文明的輝煌時期，漢族士人有足夠的自信願以其聲教，化育百夷，欲致「混一車書，文軌大同」「中外無隔，夷夏混齊」之理想境界外，大部分時期都沒有要開化其周邊之「野蠻民族」的雄心，而是「嚴夷夏之辨，免致夷狄雜處中華」，以保持漢民族國家的安全和其文化上的優越感。他們信奉「裔不謀夏，夷不亂華」的原則，堅持「國之利器不可以示人」[13]，「故絕聖棄知，大盜乃止」。[14]只有在其處於被征服的狀態下，漢族士人才會認真考慮進行文化上的反征服，漢化統治他們的野蠻民族，以減輕受異民族統治之痛苦。三、既然西番乃化外遠夷，其宗教、文化自然不足為道，故儘管番僧、番教頗為朝野所好，卻多受漢族士人之醜化、歧視和排斥。

與對入貢番王、番僧之物質上的慷慨賜予形成強烈對比的是，明

13 語出老子《道德經》，微明第三十六。

14 語出《莊子》卷四。

代朝野對於西番文化於漢地的滲透卻常懷「以西番腥膻之徒，污我中華禮儀之教」之憂，設法予以防範。其措施之一就是禁止漢人學番語、習番教。朝廷以漢族子弟因習番語而作通事，假冒番僧進貢為由，嚴格限制漢人學習番語之人數，對私習番語者處以重刑。史載景泰四年，鑒於

> 「邊民見其進貢得利，故將子孫學其言語，投作番僧通事，混同進貢。請勅都察院禁約，今後私通番僧貿易茶貨銅錢磁錫器物，及將子孫投作番僧通事者，俱發口外充軍，四鄰不首，坐以違制之罪。」[15]「天順間，禮部侍郎鄒乾等奏：永樂間，翰林院譯寫番字，俱於國子監選取監生慣用。近年以來，官員、軍民、匠作、廚役弟子，投托教師，私自習學，濫求進用。況番字文書，多關邊務，教習既濫，不免透露夷情。乞敕翰林院，今後各館有缺，仍照永樂間例，選取年幼俊秀監生送館習學。其教師不許擅留各家子弟私習，乃徇私舉報。英宗命今後敢有私自教習，走漏夷情者，皆重罪不宥。」[16]「成化初，四夷館譯字官生見有一百五十四員名，而教師馬銘又違例私收子弟一百三十六名，為禮部所劾。憲廟命禮部會官考選，精通者量留，餘送禮部改用，子弟俱遣寧家，後有私自教習者，必罪不赦。」[17]

對漢人習番教，朝廷更是嚴加禁止。成化四年（1468）九月有六科給事中魏元等向朝廷進言，曰：

15 《明實錄》三四，《英宗實錄》卷二三二，葉七（第5079-5080頁）。

16 余繼登，《典故紀聞》，北京：中華書局，1981年，第235頁。

17 《典故紀聞》，第255-256頁。

> 又況其間有中國之人習為番教，以圖寵貴。設真是番僧，尚無益於治道，況此欺詐之徒哉？宜令所司查審，果係番僧，資遣還國。若係中國者，追其成命，使供稅役，庶不蠹食吾民，而異端斥矣。[18]

同年十月，朝廷即下詔曰：「中國人先習番經，有度牒者已之，無度牒者清出。今後中國人不許習番教。」[19]

與此同時，漢人對漢文化向邊疆地區的輸出亦表現出異常的吝嗇。他們對將漢族的經典之輸出依然心存疑慮，朝廷亦對地方官員「設學校以訓邊民」的建議置若罔聞。明成化二年（1466），巡撫甘肅右僉都御史徐廷章奏邊方事宜，謂一選才能以撫番夷，一設學校以訓邊民，一決功賞以激人心。其中第一條「選才能以撫番夷」中說：「國家撫有西番，因習俗分其族屬，官其渠魁，給以金牌，而又選土官才能者，授以重職，以鎮撫之。是以數十年間，番夷效順，西陲晏然。」這當是朝廷推行懷柔遠夷政策所能達到的最理想的境界，所以對其任智勇，「使邊軍樂業，地方無虞」的建議，朝廷即令「所司亟行之」。而其第二條的具體建議是：

> 肅州衛所俗雜羌夷，人性悍梗，往往動觸憲網，蓋由未設學校以教之故也。請如三丹等衛例，開設儒學，除授教官，就於軍中選其俊秀，余丁以充生員，及各官弟男子侄，俱令送學讀書，果有成效，許令科貢出身，其餘縱不能一一成材，然亦足以變其性習。不數年間，禮讓興行，風俗淳美矣。[20]

18 《明實錄》四一，《憲宗實錄》卷五八，葉五（第1180頁）。
19 《明實錄》四二，《憲宗實錄》卷五九，葉六（第1210頁）。
20 《明實錄》四〇，《憲宗實錄》卷二九，葉九（第0581頁）。

這當是以漢文化開化邊民的好事，然朝廷對此卻置之不理。[21]明成化三年（1467），四川土司董卜向四川巡撫李匡。

> 求御製大誥、周易、尚書、毛詩、小學、方輿勝覽、成都記諸書。匡聞之於朝，因言唐時吐番求毛詩、春秋。于休烈謂予之以書，使知權謀，愈生變詐，非中國之利。裴光廷謂，吐番久叛新服，因其有請，賜以詩、書，俾漸陶聲教，化流無外，休烈徒知書有權略變詐，不知忠信禮義皆從書出。明皇從之。今茲所求，臣以為予之便。不然彼因貢使市之書肆，甚不為難。惟方輿勝覽、成都記，形勝關茲所求，不可概予。帝如其言。[22]

Umberto Eco 先生曾經提出，於兩種不同的文化相遇時，大致會出現以下三種情況：一、征服：即甲文化的成員不承認乙文化的成員為正常的人類（反之亦然），而將他們定義為「野蠻人」，然後或者令其開化（即將乙方的成員改變成甲方成員之可以接受的複製），或者消滅他們，或者兩者兼而有之；二、文化掠奪（Cultural pillage），即甲文化的成員承認乙文化的成員是一種未知智慧的持有者，一方面對其作政治與軍事上的征服，但另一方面卻尊敬他們富有異國情調的文化，並試圖理解它，將它的文化成分轉移到自己的文化中去。古希臘對埃及的態度就是如此。三、交換，即是兩種文化之間的互相影響和

21 於二十世紀初，即清朝統治的最後幾年，滿清政府迫於英國殖民勢力於西番地區的滲透，才於川邊藏區進行改土歸流並興辦學堂。參見王笛，《清末川邊興學概述》，《西藏研究》1986年第2期，第55-61頁。

22 《明史》卷三三一、《西域傳》三；關於吐蕃金城公主請毛詩、禮記、左傳各一部，于休烈上疏諫言不可，而裴光庭上奏諫從其情之故事，見《冊府元龜》卷九七九，外臣部和親二，第9頁，11502上；卷三二〇，宰輔部識量，第14頁，3787下。

尊敬。如古代的中國與歐洲之間的關係就是如此。[23]而中國歷史上漢文明與周邊民族的關係或可代表上列三種模式之外的第四種模式，即自認為先進的民族對野蠻人既不加以開化，又不加以消滅，而是任其野蠻，以保持自己的先進和安全。

三　廣招番僧與分而治之

番僧曾因於元末宮廷中傳播秘密大喜樂法而被認為是元朝失國之罪魁禍首，故明朝的皇帝們曾口口聲聲說要引此為前車之鑒。[24]頗具諷刺意義的是，他們說的是一套，做的卻又是另外一套。他們不但沒有將番僧視為洪水猛獸，拒之於千里之外，相反卻開門招納，來者不拒。明代入朝和於內地活動的番僧顯然遠遠多於前朝。《明實錄》正統元年（1436）五月丁丑條下記「減在京諸寺番僧」時稱：

> 上即位之初，勅凡事皆從減省。禮部尚書胡濙等議已減去六百九十一人，相繼回還本處，其餘未去者，命在正統元年再奏。至是濙等備疏，慈恩、隆善、能仁、寶慶四寺番僧當減去者四百五十人以聞。上命大慈法王、西天佛子二等不動，其餘願回者聽，不願回者，其酒饌廩餼令光祿寺定數與之。[25]

兩次就減去在京番僧近一千五百人，然而到正統六年（1441），

23 Umberto Eco, "From Marco Polo to Leibniz: Stories of intercultual misunderstanding", A lecture presented by Umberto Eco, December 10, 1996, The Italian Academy for Advanced Studies in America.

24 《典故紀聞》卷2，第32頁；高士奇，《金鼇退食筆記》卷上，北京：北京古籍出版社，1980年，第132頁。

25 《明實錄》二二，《英宗實錄》卷一七，葉五（第0333-0334頁）。

大慈恩等寺仍有公住國師、禪師、剌麻阿木葛等三百四十四人。[26]而成化二十一年（1485）春正月己丑條下稱：「大慈恩寺、大能仁寺、大隆善護國三寺番僧千餘，法王七人，國師、禪師多至數十。」[27]成化二十三年（1487）十月丁卯條下復稱：「禮部疏上傳升大慈恩等寺法王、佛子、國師等職四百三十七人，及剌麻人等共七百八十九人。」[28]僅這三四座寺院內就有番僧上千人，而當時京內與番僧有關的寺院有二十餘座，[29]京內番僧之多於此可見一斑。而往來於道途作為貢使之番僧的數目則更加巨大，成化元年（1465）九月：

> 禮部奏：宣德（1426-1435）、正統間（1436-1449）番僧入貢不過三四十人，景泰間（1450-1456）起數漸多，然亦不過三百人，天順間（1457-1464）遂至二三千人。及今前後絡繹不絕，賞賜不貲，而後來者又不可量。[30]

這當只是指一次入貢使團之番僧的數量。成化六年（1470）有言官「議請烏思藏贊善、闡教、闡化、輔教四王三年一貢，每王遣使百人，多不過百五十人，由四川路入，國師以下不許貢」。[31]但這些番王時常違例，《明實錄》成化十八年（1482）二月甲寅條中稱：

---

26 《明實錄》二五，《英宗實錄》卷七九，葉九（第1571頁）。

27 《明實錄》，《憲宗實錄》卷二六〇；見《明代西藏史料——明實錄抄》，《明代滿蒙史料——明實錄抄》，蒙古篇十：西藏史料，京都：京都大學文學部，1959年，第200頁。

28 《明實錄》五一，《孝宗實錄》卷四，葉一（第0056頁）；沈德符，《萬曆野獲編》，下冊，北京：中華書局，1959年，第684-685頁。

29 參見黃顥，《在北京的藏族文物》，北京：民族出版社，1993年。

30 《明實錄》四〇，《憲宗實錄》卷二一，葉四-五（第0420-0421頁）。

31 《明實錄》四二，《憲宗實錄》卷七八，葉四（第1516頁）。

> 禮部奏：烏思藏番王進貢定期必以三年，定數僧不過一百五十。近贊善王連二次已差僧四百一十三人，今又以請封請襲差一千五百五十七人，俱非例，宜盡阻回。但念化外遠夷，乞量准其請。[32]

後人習慣於將明代大規模封賞番僧的做法總結為「多封眾建，分而治之」的政策，實際上這種多封眾建之局面的形成說穿了只不過是朝廷「懷柔遠夷」政策的必然後果。[33]明朝從初建，一直到宣德年間，朝廷不但對從西番來歸之元朝故官舊吏凡有憑信者一律予以承認和封賞，而且還曾三番五次地派遣中官深入西番、乃至西天尼八剌地，廣泛詔諭，招徠番王、番僧入貢。[34]對來朝入貢的番僧皆封以顯

---

32 《明實錄》四八，《憲宗實錄》卷二二四，葉三（第3851-3852頁）。

33 Elliot Sperling曾撰文否定佐藤長先生提出的明朝政府於西藏實行了「分而治之」政策的說法，認為這種說法出自清初官修《明史》的史官，與其說是對明朝西藏政策的總結，倒不如說對理解滿清初年西藏政策更具重要意義。明初的西藏政策偏離了儒家傳統的統馭外夷的理想規範，而更多地受到了商業和經濟因素的影響，明朝對西藏貢馬的依賴是促使其於西藏廣封諸地方豪強的主要原因。明朝實際上沒有直接干預西藏事務的實力，一旦明朝對西藏之經濟和宗教的利益減弱，它與西藏之外交關係亦就急劇下落。參見Sperling氏，"Did the early Ming emperors attempt to implement a 'Divide and Rule' policy in Tibet", Contribution on Tibetan Language, History and Culture, Wien 1983, pp.339-356. 筆者不同意他的這種說法，僅因為明朝沒有在西藏採取過重大的軍事行動，和其派往西藏的使團曾多次遭受藏人的襲擊，就否定明朝對西藏的統治顯然失之簡單。明朝或許並沒有自覺地於西藏推行「分而治之」政策，但它對西藏之施政正是以漢族王朝對待其周邊民族的傳統的「懷柔遠夷」政策為出發點的，而這一政策的推行直接導致了明朝於西藏「分而治之」的局面的形成。

34 鄧銳齡，《明朝初年出使西域僧人宗泐事蹟補考》，《歷史地理》第十輯，第228-238頁；鄧銳齡，《明初使藏僧人克新事蹟考》，《中國藏學》1992年第1期；鄧銳齡，《明西天佛子大國師智光事蹟考》，《中國藏學》1994年第4期；陳楠，《宗泐事蹟考》，《賢者新宴》2003年第3輯，第75-87頁；李亞，《明代中官使藏考》，《賢者新宴》2003年第3輯，第225-250頁。

赫的名號，給以可觀的賞賜，[35]並放任其從事私茶貿易等商業活動。是故，雖然亦曾有像格魯派的創建者宗喀巴（Tsong kha pa）上師這樣的高僧不為利誘，斷然拒絕明廷來朝之邀請，[36]但總的趨勢是番僧前後絡繹，蜂擁來朝。《明史》中說：

> 初，太祖招徠番僧，本藉以化愚俗、彌邊患，授國師、大國師者不過四五人。至成祖兼崇其教，自闡化等五王及二法王外，授西天佛子者二，灌頂大國師者九，灌頂國師者十有八，其它禪師、僧官不可悉數。其徒交錯於道，外擾郵傳，內耗大官，公私騷然，帝不恤也。然至者猶即遣還。及宣宗時則久留京師，耗費益甚。[37]

而實際的情形恐怕有過之而無不及。明代番僧中最著名的是八大教王，即大寶、大乘、大慈三大法王和闡化、闡教、輔教、贊善、護教等五位教王。其中除了大慈法王是宣德年間授封的以外，其餘七位教王都受封於永樂年間（1403-1424）。他們是分屬於薩思迦（Sa skya pa）、噶舉（bKa'brgyud）派之伯木古魯（Pha mo gru pa）、必裏公（'Bri gun pa）、哈立麻（Karma pa），以及格魯（dGe lugs pa）等教派的地方實力派人物，故最早受到了朝廷的重視。[38]除此之外，西藏

---

35 對進貢番僧賞賜之常例，詳見《古今圖書集成．方輿彙編邊裔典》卷八四，《番僧部》。

36 於道泉，《譯注明成祖遣使召宗喀巴紀事及宗喀巴復成祖書》，《慶祝蔡元培先生六十五歲論文集》，「國立」中央研究院歷史語言研究所集刊外編，北平，1935年，上冊，第936-966頁；亦參見沈衛榮，《明烏斯藏大慈法王釋迦也失事蹟考述》，《兩岸蒙古學藏學學術研討會論文集》，臺北：蒙藏委員會，1995年，第247-289頁。

37 《明史》卷三三一，《西域傳》三。

38 佐藤長，〈明朝冊立の八大教王について〉，《東洋史研究》，第21卷第3號；第22卷

其它有影響的地方勢力，從薩思迦時代的重要地方勢力如拉堆絳（La stod byang）、拉堆洛（La stod lho）、江孜（rGyal rtse，或曰仰思多Nyang stod）、[39]俺卜羅（Yar'brog）、牙裏藏卜（Yab bzangs）等，到伯木古魯派時代的重臣領思奔（Rin spungs）、牛兒寨（sNe'u rdzong）、三竹節（bSam grub rtse）等皆或曾被明朝封授以司徒、灌頂國師等顯號，或被授以行都指揮使司之指揮使、都綱等要職。而烏思藏許多著名的寺院亦都曾與明廷發生過直接的關係，例如後藏兩座著名的噶當派（bKa'gdams pa）寺院思納兒黨瓦寺（sNar thang，那塘）和乃寧寺（gNas rnying）的住持就都曾受封國師稱號。[40]而曾遣使入明廷朝貢的西藏大寺院則更是不勝枚舉了，雖然我們尚無法一一認定《明實錄》中所提到的所有遣使朝貢之西番寺院，但可以肯定的是烏思藏幾乎所有有名的寺院都曾因遣使者入貢而被提到過。老牌的名寺如那塘、桑僕（gSang phu）、自當（rTse thang）、桑思加（Sa skya）等寺院自不待言，就連剛剛建立不久的格魯派之四大寺院麥思奔（'Bras spungs，今譯哲蚌）、哩斡革爾丹（Ri bo dGa'ldan，甘丹）、些臘（Se ra，沙拉）、劄失倫卜（bKra shis lhun po，紮什倫布）等亦無一例外地多次遣使入朝進貢。明廷越到後期對番僧之封賜就越是氾濫。到宣德朝為止，真正受封為法王者不過三人而已，而成化以後便越發不可收拾，僅大慈恩、大能仁、大隆善護國三座寺院內就有七位法王，其中大慈恩寺內就有法王三位，加上西天佛子、灌頂大國

第2號；同卷第4號。佐藤長，《中世紀チベット史研究》，京都：同朋舍，1986年，第173-248頁。

39 參見沈衛榮，《明封司徒鎖巴頭目剌咎肖考》，《故宮學術季刊》，第17卷第1號，1999年，第103-136頁。

40 王毅，《西藏文物見聞記》，《文物》1963年第1期；宋伯胤，《明朝中央政權致西藏地方詔敕》，載《藏學研究文集》，北京：民族出版社，1985年，第85-99頁。

師、國師等職四百三十七人及剌麻人等共七百八十九人。[41]大慈法王釋迦也失（Śākya ye shis）本乃宗喀巴弟子之一，入中原之前於烏思藏本土無很大影響，然其代師出使的朝貢之旅卻完全改變了他的命運。他不但憑藉其明封大慈法王的影響和所得賞賜之經濟力量於西藏本土建立起了格魯派的第二所大寺院沙拉寺，而且還在北京經營了當時最重要的藏傳佛教寺院大慈恩寺。這座寺院往後一直由其弟子經營，乃番僧、番教於北京的一個重要據點。而同樣由其弟子經營的河州弘化寺亦成了該地區最重要的一個政治、宗教乃至軍事中心。[42]這種因一位法王之寵遇而使其屬下、弟子雞犬昇天的例子並不只是大慈法王一家，法王、教王為其弟子請灌頂國師、國師之稱號的事例司空見慣。以被列為八大教王之一的贊善王為例，不但曾有其家族內部不同分支的兩位成員同時被授封為贊善王，且各遣使入貢的現象出現，而且其屬下之番僧亦多有被授封為灌頂國師和國師而許獨自入朝朝貢者。[43]此外，《明實錄》中曾多次提到有邊民見進貢得利，故將子孫學其言語，投作番僧通事兒混同進貢者。如正統七年（1442），朝廷「勅四川都布按三司曰：比來朝貢番僧剌麻，其中多有本地俗人及邊境逃逸無籍之人，詐冒番僧名目投托跟隨者。爾三司全不審實，即便起送，以致繹絡道途，紊煩官府，勞費軍民。」[44]這亦應當算作是造

41 《明實錄》四九，《憲宗實錄》卷二五八，葉一（第4353-4354頁）；《明實錄》五一，《孝宗實錄》卷四，葉一（第0056頁）；參見黃顥上揭書，第20-21頁。

42 參見Otosaka Tomoko（乙阪智子），“A Study of Hong-hua-si Temple regarding the relationship between the dGe lugs-pa and the Ming dynasty”, Memoirs of the Research Department of the Toyo Bunko (the Oriental Library), No.52, Tokyo：The Toyo Bunko, 1994, pp.69-101.

43 《明實錄》五五，《孝宗實錄》卷一一四，葉二（第2026頁）；參見沈衛榮，〈元、明代ドカマのリンシアン王族史考證——《明實錄》チベット史料研究（一）〉，《東洋史研究》第61卷第4號，2003年，第76-114頁。

44 《明實錄》二六，《英宗實錄》卷九七，葉二-三（第1942-1943頁）。

成漢地番僧數目如此之巨的一個原因。

與元朝的情形基本相同，這些入朝的番僧雖為朝廷所喜，但顯然不受內地士人和普通百姓的歡迎，常常因其驕橫跋扈而遭人厭惡。有明一代，不斷有地方官與朝廷言官抱怨西番朝貢使團過大、過頻，[45] 供億所費過煩，指責番僧：「恃朝廷柔遠之意，所至騷擾」，「獻頂骨、數珠，進枯髏、法碗，以穢污之物，冒升賞之榮」。[46]

或曰：

> 況其所進皆不過舍利、佛像、氆氌、茜草等物，中下羸弱等馬。其意蓋假進貢之名，潛帶金銀，候回日，市買私茶等貨，以此緣途多用船車人力運送，連年累月，絡繹道路，所司非惟疲於供億，抑且罹其淩虐。[47]

《典故紀聞》中對此說得更直接具體：

> 洪熙中（1425），禮科給事中黃驥言：「西域使客，多是賈胡，假進貢之名，藉有司之力，以營其私。其中又有貧無依者，往往投為從人，或貸他人馬來貢，既名貢使，得給驛傳，所貢之物，勞人運致。自甘肅抵京師，每驛所給酒食、芻豆之費不少，比至京師，又給賞及予物直，其獲利數倍。以次胡人慕利，往來道路，貢無虛月。緣路軍民遞送，一里不下三四十

45 《明實錄》四八，《憲宗實錄》卷二二四，葉三（第3851-3852頁），載：「贊善王連二次已差僧四百一十三人，今又以請封請襲差一千五百五十七人。」番僧貢使之多、之頻，於此可見一斑。

46 《明實錄》五一，《孝宗實錄》卷二，葉九（第0026頁）。

47 《明實錄》三〇，《英宗實錄》卷一七七，葉一（第3407-3408頁）。

人，伺候於官，累月經時，妨廢農務，莫斯為甚。比其使回，悉以所得貿易貨物以歸，緣路有司出車載運，多者至百餘輛，男丁不足，役及女婦，所至之處，勢如風火，叱辱驛官，鞭撻民夫。官民以為朝廷方招懷遠人，無敢與較，其為騷擾，不可勝言。」[48]

言官常常上奏要求遣歸番僧，如曰：「又有一種胡僧，衣服紗羅，僭用金玉，蠶食於國，其害尤甚。留之無補於治，宜悉遣還，免致夷狄雜處中夏。如此則國無遊民，而民食足矣。」[49]

然而這類建議除了難得遇上不好佛的皇帝，大多數情況下都得不到朝廷的回應，或者被朝廷以「番僧在祖宗朝已有之，若一旦遣去，恐失遠人之心」為由而置之不理。[50]

從後人看來，明廷懷柔遠夷的政策獲得了很大的成功，因為其廣賜番僧，「俾轉相化導，以共尊中國。以故西陲宴然，終明世無番寇之患。」[51]明廷雖曾幾次以派兵征剿為威脅，迫使曾有傳言不服管教的當時烏思藏最強大的地方番王伯木古魯派的闡化王，以及曾「私造軍器，交通虜寇，陰謀未測」的贊善王等就範，但整個明代確實沒有對西番地區採取較大的軍事行動，卻基本保持了西陲的安定。需要強調的是，其一，法王、國師等封號聽起來顯赫，但實際上他們並不像西番三個行都指揮使司的指揮使等朝廷命官一樣，是明代的職官制度的一個組成部分，而是游離於明代官僚體制之外的特殊群體，所謂「國師方外重職，必其人戒行純潔、焚修勤苦而又有功朝廷，斯以是

48 《典故紀聞》卷八，第144頁。

49 《明實錄》三二，《英宗實錄》卷二一〇。

50 《明實錄》四一，《憲宗實錄》卷五八，葉十三（第1195頁）。

51 《明史》卷三三一，《西域傳》三。

寵異之」。[52]或曰：「國師乃朝廷優待西僧職之重者，非戒行精專，豈能勝之。」[53]而「禪師乃朝廷崇獎番僧之有化導番夷功績者」。[54]然而，不管是在西番，還是於漢地，這些法王和國師的影響顯然越來越大，最終遠遠超過了那些以地方貴族身份出任行都指揮使司之指揮使等朝廷命官的影響，這一方面反映了西番社會內部本身貴族與宗教勢力之間的力量消長，另一方面明代中央政府的懷柔遠夷政策亦顯然推動和加快了這種力量的消長。[55]其二，明代治理西番的所謂「分而治之」政策，事實上是後人對這種多少帶有被動、防守性的「懷柔遠夷」政策的一種積極的解釋，儘管這種濫賜來朝番僧的做法確實在一定程度上起到了分而治之的效果。

四　番教於中國之流行

雖然從「懷柔遠夷」與「嚴夷夏之辨」的方針出發，明朝既無意於開化西番，更不願「以西番腥膻之徒，污我中華禮儀之教」。然而，隨著大量番僧的進入，番教自然而然地在漢地流行了開來。藏傳佛教既流行於宮廷，又在民間傳播。對於明代皇帝崇佛，我們可從

52 《明實錄》三八，《英宗實錄》卷一三六，葉七（第2708頁）。

53 《明實錄》三八，《英宗實錄》卷三五七，葉一（第7117頁）。

54 《明實錄》三八，《英宗實錄》卷三五七，葉二（第7119頁）。

55 藏文史書《賢者喜筵》中記載的一則故事或可作為例證：當明朝以派兵入藏相威脅時，當時烏思藏最有力量的地方貴族伯木古魯派的頭領、明封闡化王葛剌思巴監藏（Grags pa rgyal mtshan）不得不低聲下氣地向在烏思藏本無很大政治力量的大寶法王求助，以勸退明朝可能發起的軍事進攻。而大寶法王則因為使烏思藏免遭戰亂而被視為功臣。顯然這些法王們因得到了明朝廷的尊崇，其於其本土的地位已得到了大大的提高。詳見dPa'bo gtsug lag phreng ba，Dam pa'i chos kyi'khor lo bsgyur ba rnams kyi byung ba gsal bar byed pa mkhas pa'i dga'ston, Beijing: Mi rigs dpe skrun khang, 1986, smad cha, pp.1011-1012.

《萬曆野獲編》的一段話中知其梗概，其云：

> 我太祖崇奉釋教，觀宋文憲蔣山佛會記，以及諸跋，可謂至隆極重。至永樂，而帝師哈立麻、西天佛子之號而極矣。歷朝因之不替，惟成化間寵方士李孜省、鄧常恩等，頗於靈濟顯靈諸宮加獎飾。又妖僧繼曉用事，而佛教亦盛。所加帝師名號與永樂年等。其尊道教亦名耳。武宗極喜佛教，自列西番僧，唄唱無異。至託名大慶法王，鑄印賜誥命。世宗留心齋醮，置竺乾氏不談。初年用工部侍郎趙璜言，刮正德所鑄佛鍍金一千三百兩。晚年用真人陶仲文等議，至焚佛骨萬二千斤。逮至今上，與兩宮聖母，首建慈壽、萬壽諸寺，俱在京師，穹麗冠海內。至度僧為替身出家，大開經廠，頒賜天下名剎殆遍。去焚佛骨時未二十年也。[56]

明代除了明世宗因信道教而曾肆意滅佛以及明末的明思宗於內外交困之際一度亦曾禁佛以外，大部分皇帝都曾對佛教予以保護和提倡，[57]且都不同程度地表示出了對藏傳佛教的偏愛。明太祖本乃出家僧人，自踐阼後，依然「頗好釋氏教」。雖迄今未見有其直接與番僧往還的記載，但遣使招徠番僧即自其開始。[58]洪武朝（1368-1398）創

56 《萬曆野獲編》，卷27，釋教盛衰，第679頁。參見佐藤長，〈明廷におけるラマ教崇拜について，〉《鷹陵史學》第八號，昭和五十七年；亦載於同氏著，《中世チベット史研究》，第287-320頁；乙阪智子，〈歸ってきた色目人——明代皇帝權力と北京順天府のチッベト仏教〉，《橫濱市立大學論叢》（人文科學系列）51-1.2，2000年，第247-282頁。

57 參見何孝榮，《明代南京寺院研究》，北京：中國社會科學出版社，2000年，第1-97頁。

58 今尚存其御製護持朵甘思烏思藏詔、諭西番罕東畢裏等詔、賜西番國師詔，見《明太祖集》卷1，第12-13、26頁。

建的國家五大寺之一南京的雞鳴寺中就已「有西番僧星吉堅藏為右覺義」。[59]可見他對西番僧並不排斥。而且，明太祖對元時來華的西天僧板的達撒哈咱實裏（俱生吉祥）表現出了異乎尋常的熱情，不但封其為「善世禪師」，「俾總天下釋教」，而且多次賜其以詩文，訪其於鍾山。[60]要知西天僧作為於元末宮廷傳授大喜樂秘密法的同謀曾與西番僧一樣聲名狼藉。一般士人對西天僧與西番僧並不加以嚴格的區分。

明成祖是首位被後人認為是不但優待番僧，而且「兼崇其教」的明代皇帝，明代西番著名的八大教王中有七位為他所封。他在位期間曾發生過兩件對於明朝的歷史與西藏的歷史來說都是於當時驚天動地，於後世意義深遠的大事。一是邀請「道行卓異」的五世哈立麻尚師來朝，並令其於永樂五年（1407）二月庚寅「率僧於靈谷寺建普度大齋，資福太祖高皇帝孝慈高皇后」。[61]一是於永樂年間鐫刻了西藏歷史上第一部西藏文大藏經之木刻版，即後人所謂「永樂版甘珠爾」（The Yongle Kanjur）。[62]雖然，明成祖為太祖及其皇后舉辦的薦福普度大齋被後人詮釋為明成祖為改變篡位者形象而導演的一場成功的政治「秀」，[63]或者說是明成祖為導入西藏佛教以強化皇帝的權力而作的

59 《明實錄》六，《太祖實錄》卷一七六，葉五（第2674頁）；《罪惟錄》卷二六，「惺吉堅藏」。

60 參見明西天佛子國師智光，《西天班的達禪師志略》，《金陵梵剎志》卷37，第1216-1220頁；來復，《薩哈拶釋哩塔銘》，北京圖書館金石組編《北京圖書館藏中國歷代石刻拓本彙編》，鄭州：中州古籍出版社，1990-1991年，第51冊，第17頁。

61 《明實錄》十，《太宗實錄》卷六四，葉一（第0910頁）；參見鄧銳齡，《〈賢者喜宴〉明永樂時尚師哈立麻晋京紀事箋證》，《中國藏學》1992年第3期。

62 Jonathan A.Silk, “Notes on the history of the Yongle Kanjur”, Suhr-llekh’h: Festgabe für Helmut Eimer, hrsg.Von Michael Hahn, Jens-Uwe Hartmann und Roland Steiner, Swisttal-Odendorf: Indica-et-Tibetica-Verl., 1996, pp.153-200.

63 參見商傳，《永樂皇帝》，北京：北京出版社，1989年，第234-239頁；Patricia Berger, “Miracles in Nanjing: An Imperial Record of the Fifth Karmapa’s Visit to the Chinese

宣言式的國家儀禮，[64]但它無疑亦為這場「秀」的主要演員哈立麻尚師提供了一個充分展示番僧之神通和番教之魅力的舞臺。隨著這場盛大法會的舉行和圍繞這場法會而出現的種種神異故事的傳開，以及哈立麻尚師被封為「萬行具足十方最勝圓覺妙智慧善普應祐國演教如來大寶法王西天大善自在佛領天下釋教」，[65]西藏佛教終於從元末以來受人詛咒的困境中走出，重又堂而皇之地在漢地開始傳播。而「永樂版甘珠爾」的刊刻及其於漢、藏、蒙古三地的流通，不但使西藏人首次擁有了他們自己文字的大藏經刻版，而且亦推動了藏傳佛教於西番、漢地以及蒙古地區的傳播。[66]值得一提的是，明成祖對藏傳佛教的熱衷當不完全是出於政治利用的目的，他本人對番僧確實情有獨鍾。《清涼山志》中保存有三通明成祖致繼大寶法王之後來京朝貢，後居五臺山的另一位著名番僧大慈法王釋迦也失的詔書，其云：

> 十三年（1415）六月，上制書於五臺妙覺圓通慧慈普應輔國顯教灌頂弘善西天佛子大國師釋迦也失，曰相別遽而數月，想徒從已達臺山。宴坐高峰，神遊八極，與文殊老人翺翔於大漠之鄉，超然於萬化之始，朕豈勝眷念。薄齎瓜果，以見所懷。遣書匆匆，故不多致。十五年（1417）秋，上制書妙覺圓通國師曰：秋風澄肅，五臺早寒，遠惟佛境清虛，法體安泰。今制袈

Capital", Cultural Intersections on Later Chinese Buddhism, edited by Marsha Weidner, Honolulu: University of Hawai'i Press, 2001, pp.145-169.

64 乙阪智子，《永樂五年御製靈谷寺塔影記をめぐって——明朝によるチベット佛教導入の一側面》，《日本西藏學會會報》，第41-42號，1997年，第11-22頁。

65 《明實錄》一一，《太宗實錄》卷六五，葉一（第0915頁）。

66 衛拉特蒙古首領俺答汗曾嚮明廷請賜番字經以便誦習。見《明實錄》，《神宗實錄》卷六；參見乙阪智子，〈ゲルケバモンゴルの接近と明朝〉，《日本西藏學會會報》，第39號，1993年，第3頁。

> 裟禪衣，遣使祇送，以表朕懷。後列異色衣八品。十七年（1419）春，上制書妙覺圓通國師曰：自師西行，忽見新歲，使者還，乃知履況安和，適慰朕懷。茲以鍍金蓮座，用表遠貺。並係之贊。[67]

從中我們可以清楚地看出，明成祖對於大慈法王的關心顯然超出了一般皇帝對於來華入朝之遠夷的熱情，其中當有其個人的信仰在起作用。

自成祖之後明代中期諸朝皇帝皆信仰藏傳佛教。宣宗時，朝廷允許番僧居京自效，「宣宗末年（1434），入居京師各寺者最盛。至正統初（1436），遣回本處者至六百九十一人」。[68]「成化一朝，僧道俱幸。如西僧則劄巴堅參（Grags pa rgyal mtshan）封至三十餘字，蓋沿故元舊俗，並襲永樂間哈立麻例也。乃至佛子、國師之屬，並中國冒名者講經覺義，每一旨傳升數十，其時僧道官各數千人。」[69]此時明初禁番僧入宮的祖訓已被完全打破，於宮內作佛事已司空見慣。其盛況可以從《酌中志》中一段有關番經廠的記載中略知一二，其云：

---

67 釋鎮澄原纂，釋印光重修，《清涼山志》，中國名山勝蹟志叢刊，王雲龍主編，臺北：文海出版社，卷5，第211-212頁。這四封制書的西藏文版見於由美國哈佛大學L.van der Kuijp教授於北京民族宮圖書館發現的一部大慈法王釋迦也失的傳記中。這部傳記題為《三世諸佛之自性具吉祥上師三界法王宗喀巴之心傳弟子大慈法王釋迦也失代宗喀巴大師出使漢地宮廷行狀——滿願施吉祥太陽》（Dus gsum sangs rgyas thams cad kyi ngo bo dpal ldan bla ma khams gsum chos kyi rgyal po tsong kha pa chen po'i sras kyi thu bo byams chen chos kyi rje sakya ye shes pa de nyid tsong kha pa chen po'i sku tshab tu rgya nag pho brang la'phebs tshul gyi rnam thar'dod pa'i re skong dpal ster nyi ma zhes bya ba），共十二頁，這四封制書，包括最後一份制書中所略去的贊，見於該傳記中的第六、七兩頁之正反面中。

68 《萬曆野獲編》卷27，僧道異恩，第684頁。

69 《萬曆野獲編》卷27，真人封號之異，第696頁。

> 番經廠，習念西方梵唄經咒，宮中英華殿所供西番佛像皆陳設，近侍司其香火。其隆德殿、欽安殿香火，亦各有司也。凡做好事，則懸掛幡榜。惟此廠仍立監齋神於門傍。本廠內官皆戴番僧帽，穿紅袍，黃領黃護腰，一永日或三晝夜圓滿。萬曆時（1573-1619），每遇八月中旬神廟萬壽聖節，番經廠雖在英華殿，然地方狹隘，須於隆德殿大門之內跳步叱。而執經誦念梵唄者十餘人，妝韋馱像，合掌捧杵，向北立者一人，御馬監等衙門捧活牛黑犬圍侍者十餘人。而學番經、跳步叱者數十人，各戴方頂笠，穿五色大袖袍，身被纓絡。一人在前吹大法螺，一人在後執大鑼，余皆左持有柄圓鼓，右執彎槌，齊擊之。緩急疏密，各有節奏。按五色方位，魚貫而進，視五色傘蓋下誦經者以進退若舞焉。跳三四個時辰方畢。[70]

到了孝宗時（1488-1505），明代的宮禁之制遭到了進一步的破壞，時清寧宮新成，孝宗詔請番僧入大內誦經，「設壇作慶贊事三日」，「使胡膻邪妄之徒，群行喧雜，連朝累日，以腥膻掖庭，驚動寢廟，祖宗法度，一旦蕩然」。[71]而明代皇帝中最信番教的則當推武宗，《國榷》正德元年（1506）二月丁酉條中稱：「時上好異，習胡語，自稱忽必烈；習回回食，自名沙吉敖爛；習西番教，自名領占班丹（Rin chen dpal ldan）。」[72]《明實錄》中對其信番教的行為有諸多記載，例如他繼位不久，便有「西番國師那卜堅參等，各率其徒，假以祓除薦揚，數入乾清宮，几筵前肆無避忌，京師無不駭愕」。[73]或曰：

70 劉若愚，《酌中志》，北京：北京古籍出版社，1994年，卷16，第118-119頁。

71 《明實錄》五五，《孝宗實錄》卷一五五，葉十一（第2779頁）。

72 《國榷》卷四九，正德十年（1515）二月丁酉條。

73 《萬曆野獲編》，卷27，主上崇異教，第683頁；《明實錄》六一，《武宗實錄》卷一，葉十七（第0033頁）。

「上頗習番教，後乃造新寺於內，群聚誦經，日與之狎昵矣。」[74]「上佛經梵語無不通曉，寵臣誘以事佛，故星吉等皆得倖進。」[75]「準給番僧度牒三萬，——上習番教，欲廣度習其教者。」[76]「陛下誤聽番僧幻妄之說，使出入禁城，建寺塑佛，崇奉逾侈。」「皇城之中，創蓋寺宇，以處番僧，出入禁禦，享食大官。」[77]如此等等，不一而足。而明武宗最為人詬病者則莫過於蓋豹房和迎活佛兩大活動。豹房建於正德三年（1508）八月，「時上為群奸蠱惑，朝夕處此，不復入大內」。最初得倖的是「善陰道秘戲」的色目人於永，他以回女善西天舞者十二人以進，其間行為當類似於元末宮廷內所行之大喜樂法。[78]不久，番僧又成了豹房的主角，《明實錄》正德九年（1514）冬十月甲午條稱：「今乃於西華門內豹房之地，建護國禪寺，延住番僧，日與親處。」[79]正德十年（1515）二月戊戌條復稱：「是時，上頌習番經，崇尚其教，嘗被服如番僧，演法內廠。綽吉我些兒輩出入豹房，與諸權貴雜處。」[80]彷彿元末宮內醜事今又重演。正德十年，武宗復派司設太監劉允乘傳往迎傳說能知三生之活佛，「以珠琲為幡幢，黃金為七供，賜法王金印袈裟，及其徒饋賜以鉅萬計，內庫黃金為之一匱。敕允往返一十年為期」。然而當劉允一路勞命傷財，終於到達活佛住地時，「番僧號佛子者恐中國誘害之，不肯出。允部下人皆怒，欲脅以威。番人夜襲之，奪其寶貨器械以去。軍職死者二人，士卒數百人，傷者半之。允乘良馬疾走，僅免。復至成都，仍戒其部

74 《明實錄》六二，《武宗實錄》卷二四，葉五（第0659頁）。
75 《明實錄》六四，《武宗實錄》卷六四，葉二（第1397頁）。
76 《明實錄》六四，《武宗實錄》卷六八，葉三（第1503頁）。
77 《明實錄》六六，《武宗實錄》卷一〇八，葉八（第2214頁）。
78 《明實錄》，《武宗實錄》卷三三；參見乙阪智子上揭2000年文，第262-265頁。
79 《明實錄》六六，《武宗實錄》卷一一七，葉二（第2364頁）。
80 《明實錄》六六，《武宗實錄》卷一二一，葉四（第2435頁）。

下諱言喪敗事，空函馳奏乞歸。時上已登遐矣」。[81]整個迎活佛的過程是一場勞民傷財的鬧劇，亦是明朝歷代皇帝佞佛的一個高潮。[82]

然物極必反，繼武宗登大位的世宗（1521-1565年在位）卻因崇信道教而禁絕佛教，番僧、番教首當其衝，受到了沉重的打擊。《明史》中說：「世宗立，復汰番僧，法王以下悉被斥。後世宗崇道教，益黜浮屠，自是番僧鮮之中國者。」[83]

事實上，自西番來朝的番僧一如既往地按例入京師朝貢，受到重創的主要是在京居住的番僧。世宗即位不久，便下詔令，「正德元年以來傳升乞升法王、佛子、國師、禪師等項，禮部盡行查革，各牢固枷釘，押發兩廣煙瘴地面衛分充軍，遇赦不宥」。[84]

曾經盛極一時的大慈恩寺竟亦毀於一旦，寺內歡喜佛等所謂「夷鬼淫像」先遭毀棄。後來整座寺院「詔所司毀之，驅置番僧於他所」。[85]而且，「禁內舊有大善佛殿，中有金銀佛像，並金銀函貯佛骨佛牙等物。世宗欲撤其殿建皇太後宮，命侯郭勳、大學士李時、尚書夏言入視基址。言請敕有司以佛骨瘞之中野，以杜愚惑。世宗曰：朕思此物，智者曰邪穢，必不欲觀，愚者以為奇異，必欲尊奉。今雖埋之，將來豈無竊發？乃燔之於通衢，毀金銀佛像凡一百六十九座，頭牙骨凡萬三千餘斤」。[86]

81 《明實錄》六七，《武宗實錄》卷一三一，葉七（第2612頁）。

82 參見佐藤長，〈明の武宗の活佛迎請について〉，《塚本博士頌壽紀念佛教史學論集》，昭和三十八年（1963），同氏著，《中世チベット史研究》，第273-286頁。

83 《明史》卷三三一，《西域傳》三。

84 《明實錄》七〇，《世宗實錄》卷一，葉十八（第0035頁）。

85 《明實錄》七七，《世宗實錄》卷一二一，葉九（第2895-2896頁）；《明實錄》八三，《世宗實錄》卷二七二，葉五（第5357頁）。

86 《典故紀聞》卷十七，第310頁；相同的記載亦見於《明實錄》七九，《世宗實錄》卷一八七，葉五（第3957頁）；《留青日劄》卷二七，佛牙，第510頁；《萬曆野獲編》，補遺卷4，廢佛氏，第916頁。

從這個反面的例子中，我們可以看出明朝宮廷中對番教之熱衷曾達到了何等的程度。

對於藏傳佛教是否亦曾於民間廣為流傳，我們僅能根據散見於《明實錄》和明人筆記中的一些資料來推測。《菽園雜記》於解釋朝廷優禮番僧實乃制馭遠夷之術後說：「後世不悟，或受其戒，或學其術，或有中國人偽承其緒而篡襲其名號。此末流之弊也。」[87]

可見漢人中當真有受戒、學習番教者。《明實錄》中曾多次提到「番僧入中國多至千餘人，百姓逃避差役，多令子弟從學番教」。[88]或曰：「有中國之人，習為番教，以圖寵貴」，故明憲宗曾下詔「曰中國人先習番經有度牒者已之，無度牒者清出。今後中國人不許習番教」。[89]

然而，這項詔令並沒有貫徹到底，明武宗於正德五年（1510）十月一次就「準給番僧度牒三萬」，八年（1513）十一月又賜給大慶法王領占班丹，即他本人，「番行童度牒三千」。要是這些度牒都被發放下去的話，被度者當大部分是漢人子弟。《明實錄》天順三年（1459）春正月辛卯條稱：「有番僧短髮衣虎皮，自稱西天活佛弟子，京城男女拜禮者盈衢。上命錦衣衛驅之歸其本土。」[90]

連來歷不明，自稱西天活佛弟子者，都有眾多的追隨者，可想而知那些有名有姓的法王、西天佛子、大國師們一定是從者如雲了。《典故紀聞》記載有如下一條消息：

> 京城外有軍民葉玘、靳鸞等發人墓，取髑髏及頂骨以為葛巴剌

87 陸容，《菽園雜記》卷4，北京：中華書局，1997年，第38頁。

88 《明實錄》五一，《孝宗實錄》卷二，葉十一（第0029頁）。

89 《明實錄》四二，《憲宗實錄》卷五九，葉六（第1210頁）。

90 《明實錄》三七，《英宗實錄》卷二九九，葉二（第6350頁）。

碗並數珠，假以為西番所產，乘時市利，愚民競趨之。所發墓甚眾。至是，緝事者聞於朝，番僧嘗買以進者皆遁去，獲玘等，送刑部鞫治，得其黨，俱坐斬。[91]

賣西番教法器葛巴剌碗與數珠能盈利，說明趨之若鶩之「愚民」一定為數不少。這類法器於中原地區的流行顯然由來已久，它們亦曾流行於內宮。《菽園雜記》中有如下一條記載：

予奉命犒師寧夏，內府乙字形檔關領軍士冬衣，見內官手持數珠一串，色類象骨，而紅潤過之。問其所制，云：太宗皇帝白溝河大戰，陣亡軍士積骸遍野。上念之，命收其頭骨，規成數珠，分賜內官念佛，冀其輪迴。又有腦骨深大者，則以盛淨水供佛，名天靈碗，皆胡僧之教也。[92]

按照明人對烏思藏的瞭解，「彼國皆祝髮為僧」，而「僧有妻孥，食牛羊肉」。[93]所以，「今陝西西寧諸衛土僧，俱仿西番有室，且納於寺中，而火居道士則遍天下矣」。[94]

此或說明陝西西寧諸衛之土僧皆是藏傳佛教之信徒。《留青日劄》中記載，明時，

有淫婦潑妻又拜僧道為師為父，自稱曰弟子，晝夜奸宿淫樂。

91 《典故紀聞》卷15，第278-279頁。

92 《菽園雜記》卷1，第2頁。此段引文與見於《國朝典故》版中的相應段落稍有出入，見鄧士龍輯，許大齡、王天有點校，《國朝典故》(下冊)，北京：北京大學出版社，第1602頁。

93 《萬曆野獲編》卷30，烏思藏，第782頁。

94 《萬曆野獲編》卷27，僧道異法，第680頁。

其丈夫子孫亦有奉佛入夥，不以為恥。大家婦女雖不出家，而持齋把素，袖藏念珠，口誦佛號，裝供神像，儼然寺院。婦人無子，誘雲某僧能幹，可度一佛種。如磨臍過氣之法，即元之所謂大布施，以身布施之流也。可勝誅邪！亦有引誘少年師尼，與丈夫淫樂者，誠所謂歡喜佛矣。[95]

可見元末修大喜樂法之餘風於明初並沒有被完全消除。民間修這種西番僧於元末宮廷所傳的西番秘密法者，恐怕不只是個別的現象，明初「時女僧誘引功臣華高、胡大海妾數人，奉西僧行金天教法。上命將二家婦女，並西僧女僧俱投之於河」。[96]到了明代中後期，隨著番僧之受寵，番教修法之流行恐怕更難得到抑制。《留青日劄》另一處於簡述元時秘密法之來歷後說，「今之夫婦雙修法，禍起於此」。[97]此即是說，到田藝蘅生活的隆慶、萬曆年間，雙修法依然存在。

此外，相傳成書於明萬曆年間的著名色情小說《金瓶梅》第六十五回「願同穴一時喪禮盛，守孤靈半夜口脂香」中敘述西門慶為李瓶兒大辦喪事，其中有其請喇嘛念番經一項，其云：

十月初八日，是四七，請西門外寶慶寺趙喇嘛，亦十六眾來念番經，結壇跳沙，灑花米行香，口誦真言，齋供都用牛乳茶酪之類，懸掛都是九醜天魔變相，身披纓絡琉璃，項掛髑髏，口咬嬰兒，坐跨妖魅，腰纏蛇螭，或四頭八臂，或手執戈戟，朱發藍面，醜惡莫比。[98]

95 《留青日劄》卷27，念佛婆，第511頁。
96 《萬曆野獲編》卷27，女僧投水，第681頁。
97 《留青日劄》卷28，雙修法，第536頁。
98 《新刻繡像批評金瓶梅》，第二十三冊，北京：北京大學出版社，1988年，第4頁。

這或可說明藏傳佛教儀軌之運用已經深入到了明代達官貴人家的婚喪喜事之中。此外，「歡喜佛像」不僅見於宮廷，而且亦流向民間。《萬曆野獲編》中有記載說：

> 予見內庭有歡喜佛，雲自外國進者，又有雲故元所遺者。兩佛各瓔珞嚴妝，互相抱持，兩根湊合，有機可動，凡見數處。大璫云：每帝王大婚時，必先導入此殿，禮拜畢，令撫揣隱處，默會交接之法，然後行合卺，蓋慮睿稟之純樸也。今外間市骨董人，亦間有之，製作精巧，非中土所辦，價亦不貲，但比內廷殊小耳。京師敕建諸寺，亦有自內賜出此佛者，僧多不肯輕示人。此外有琢玉者，多舊制。有繡織者，新舊俱有之。閩人以象牙雕成，紅潤如生，幾遍天下。[99]

與此相應，於明末清初江南的藝術市場上，從宮廷內府傳出的鍍金烏思藏佛像亦已成為書畫骨董收藏家們所注意的目標。[100]

從以上這些例子推測，西番佛教當於明代之民間亦有相當程度的流傳。

亦見蘭陵笑笑生，《金瓶梅詞話》，第六十五回：吳道官迎賓頒真客，宋御史結豪請六黃，北京：人民出版社，2000年，第913頁。參見王堯，《〈金瓶梅〉與明代藏傳佛教（喇嘛教）》，同氏，《水晶寶鬘——藏學文史論集》，高雄：佛光文化事業有限公司，2000年，第270-299頁。

99 《萬曆野獲編》卷26，春畫，第659頁。

100 參見井上充幸，《徽州商人と明末清初の藝術市場——吳其貞〈書畫記〉を中心に》，《史林》八十七卷四號，2004年7月，第42頁，注5。

五　神通、秘密法、異端、鬼教與喇嘛教：番教於明代士人中的形象

如上所述，番僧是應朝廷之招徠不遠萬里來到中國的，番教的流行是明朝皇帝信仰和推崇的結果。然而，他們並沒有從明代的士人們那裏獲得過多的熱情，相反常常是後者痛恨和鞭撻的對象。對此，我們或可引成化二十三年（1487）九月監察御史陳谷等所上奏疏中的一段話為例，其云：

> 領占竹紮巴堅參等以妖髠而受法王之名，釋迦啞兒答著乩領占等以胡醜而竊佛子之號，錦衣玉食，後擁前呵，斲枯髏以為法碗，行淨至宮，穿朽骨而作念珠，登壇授戒，遂使術誤金丹，氣傷龍脈。一時寢廟不寧，旬日宮車晏駕，百官痛心，萬姓切齒，雖擢發莫數其罪，粉身猶有餘辜。[101]

這種痛恨似一點也不亞於當年處於異族統治之下的元代漢族士人對挖其祖墳，且阻礙其對蒙古征服者進行改化的番僧的痛恨。總的說來，明代文人筆下之番僧與番教之形象始終是十分負面的。雖然明代士人們亦曾不厭其煩地記載下了番僧的種種神奇故事，令元代文人留下的神僧形象更加豐滿，然而更多的是以文明俯視野蠻的姿態，對番僧的行為及其所傳教法橫加鞭撻。不管是過分地強調明朝廷對番僧之優待和對番教之推崇是以政治利用為目的的，還是將番教演繹為「蠱惑聖主之心」的秘密法，或者直接將其斥責為異端、鬼教、喇嘛教等

101　《明實錄》五一，《孝宗實錄》卷二，葉十（第0027-0028頁）；類似的說法亦見於《明實錄》四一，《憲宗實錄》卷五八，葉九（第1187頁）。

等，其實質均在於否認藏傳佛教作為佛教之一支的宗教與文化意義，從而將西番民族牢牢地固定在野蠻的「化外遠夷」的位置上。

如前所述，明代皇帝中絕大部分都是佛教的信徒，其中有不少偏愛藏傳佛教。然而不管是朝廷本身，還是明代的文人都不遺餘力地將皇帝崇佛，特別是推崇藏傳佛教、優待番僧的行為政治化。從明太祖開始，明朝的皇帝及其大臣們就再三再四地強調其廣招番僧，且封他們為僧官是出於政治的考慮，所謂「蓋西番崇尚浮屠，故立之俾主其教，以綏來遠人」。公開聲明：「有僧官以掌其教者，非徒為僧榮也。欲其率修善道，陰助王化。」[102]明代大學士梁儲曾於其奏文中說：

> 西番本夷狄之教，邪妄不經。故先聖王之世未聞有此。顧其說流入中國，浸淫已久，未能遽革。永樂、宣德年間，雖嘗有遣使之舉，我祖宗之意，以天下初定，特藉之以開導愚迷、鎮服夷狄，非真信其教而崇奉之也。[103]

對此，陸容於其《菽園雜記》中說得更加生動具體，其云：

> 胡僧有名法王若國師者，朝廷優禮供給甚盛，言官每及之。蓋西番之俗，一有叛亂仇殺，一時未能遙制，彼以其法戒諭之，則磨金銛劍，頂經說誓，守信惟謹。蓋以馭夷之機在此，故供給雖云過侈，然不煩兵甲、芻糧之費，而陰屈群醜，所得多矣！新進多不知此，而朝廷又不欲明言其事，故言輒不報。此

102 《明實錄》八，《太祖實錄》卷二二六，葉三（第3307頁）；卷二五〇，葉四（第3627頁）。

103 《明實錄》六七，《武宗實錄》卷一三一，葉八（第2614頁）。

蓋先朝制馭遠夷之術耳，非果神之也。[104]

這種政治化的解釋顯然不只是人臣為其主子之弊政所作的開脫，在其背後實際上還隱藏有另一層意思，即對番教之宗教、文化意義的否定。於漢族士人而言，「吾聞用夏變夷，未聞變於夷者也」。[105]若中華禮儀之邦的皇帝果真信奉「夷狄之教」的話，這或當比「夷狄之教」本身更「邪妄不經」。因此，他們同樣從「懷柔遠夷」這一話語出發，提出了這樣一個他們認為更加合理的解釋。

明代士人對於朝廷偏愛番教提出的另一種解釋是，番教乃所謂「秘密法」，亦即元末宮中流行的「大喜樂法」。明代皇帝對其之喜愛乃是受番僧的蠱惑，而躭著於這種以淫樂為目的的「秘密法」。修《明實錄》之宮廷史官曾作如是評論：

西僧以秘密教得倖，服食器用僭擬王者，出入乘棕輿，衛卒執金吾杖前導，達官貴人，莫敢不避路。每召入大內，誦經咒、撒花米、贊吉祥，賜予駢蕃，日給大官酒饌牲餼至再，錦衣玉食者幾千人。中貴人見輒跪拜，坐而受之。法王封號，有至累數十字者。[106]

這條評論曾多次為明代士人轉抄，可見他們大都認可了這種說法。沈德符於抄錄了這段文字之後緊接著說：「考秘密法，即胡元演揲兒法也。元順帝以此寵信淫禿，致亂天下。至是番僧循用其教，以

104 《菽園雜記》卷4，第42頁。

105 語出《孟子》，《滕文公》上。

106 《明實錄》四一，《憲宗實錄》卷五三，葉七（第1077頁）；相同的記載亦見於《萬曆野獲編》，補遺卷4，劄巴堅參，第916頁；《典故紀聞》，第258頁。

惑聖主。……豈秘密法真如元人所譯，為大喜樂耶！」[107]

顯然，與元代士人一樣，明人亦於番教、番僧和於元代宮廷中所傳之秘密法之間劃上了等號，並將其視為蠱惑聖主、禍國殃民的妖術，儘管他們實際上對這種密法所知甚少。有意思的是，於相傳為明代江南才子唐寅所著色情小說《僧尼孽海》中，有一回名「西天僧、西番僧」，乃根據《元史》《庚申外史》中所記元順帝時宮中君臣宣淫，同修西天、西番僧所傳「秘密大喜樂法」的故事添油加醋而成，這當反映了明人對西番之所謂「秘密教」或「秘密法」的理解。具有諷刺意義的是，其中所列秘密法之修法，即號「採補抽添」之九勢，即龍飛、虎行、猿搏、蟬附、龜騰、鳳翔、兔吮、魚游、龍交等，實際上都是來自《素女經》等有關房中術的漢文經典中的東西，與藏傳佛教之修行實風馬牛不相及。

此外，明人還貽番僧以神僧形象，表面上看來是推崇番教之神奇，而實際上是將藏傳佛教貶損為方伎、幻術之流。番僧之神僧形象開始於洪武朝，當時有

> 惺吉堅藏（Seng ge rgyal mtshan），西僧也。南京雞鳴山在六朝時為北邱之地，明興，大都城包之。太祖達功臣廟，其上又創雞鳴寺以為祀神演法之所，立國子監鎮壓之。舊時餘魂滯魄往上結為黑氣，觸人輒昏僕。太祖異之，服儒服幸廣業堂，妖氣寂，駕回覆作。乃迎西番有道行僧，而惺吉堅藏與七僧俱來結壇，忽感天雨寶花之異，壇場上下黑氣充塞，開闔散聚，如來就食供事人役，氣翳其身，惟露頂額。如此者七晝夜始滅，是後不復為怪。[108]

107 《萬曆野獲編》補遺卷4，劄巴堅參，下冊，第916頁。
108 查繼佐，《罪惟錄》卷26。

番僧之神僧形象因哈立麻創造的「南京奇跡」（Nanjing Miracle）而傳遍天下。明人記其事曰：

> 哈立麻率天下僧伽，舉揚普度大齋，科十有四日。上幸齋壇，是時見有卿雲天花，甘雨甘露，舍利祥光，青鸞白鶴日集，及金仙羅漢於雲端，白象青獅，莊嚴妙相，天燈導引，幡蓋旋繞而下。又一夕檜柏生金色花，遍都城有之。又聞梵唄空樂，自天而降。——自是屢著靈異，謂之神通。教人念唵嘛呢叭彌吽，信者晝夜念之。大學士胡廣做聖孝瑞應歌以獻，上亦潛心釋典，作為佛曲，使宮中歌舞之。[109]

這類記載於西藏文高僧傳記中，可謂司空見慣，然於漢人來說則是難得一見的奇跡。而番僧中最令人驚奇的當是「活佛」。前曾提到明武宗迎活佛的故事，雖然他所欲迎請的「能知三生及未來事」的西番活佛當是指第八世哈立麻尚師，[110]但當時於漢地、蒙古最著名的西番活佛是曾致函時相張居正，乞照例賞賜的第三世達賴喇嘛鎖南堅錯（bSod nams rgya mtsho）。[111]顯然，為漢人所知之西番活佛不僅僅是一二人而已，活佛轉世的故事已經藏人之口於漢地廣泛流傳。《萬曆野獲編》中記載了根據「以萬曆三十八年（1610）入貢，因留中國」的烏思藏僧蔣觸匝巴，即 Byang chub grags pa，所說有關活佛的故事，其曰：

---

109 傅維鱗，《明書》，卷160，第3154頁。

110 參見佐藤長上揭1963年文；Hugh E.Richardson, "The Karma-pa sect: A historical note", Journal of Royal Asiatic Society, Part I, 1958, pts.3 & 4; Part II, 1959, pts.1 & 2.

111 張居正，《張太岳集》，上海：上海古籍出版社，1984年，番夷求貢疏，第552頁。參見乙阪智子上揭1993年文。

> 國人稱國王曰喇嘛令巴恤（bla ma rin po che），三五年一換，將死日，語群臣曰：我以某年月日生某國中，父母為某，汝等依期來迎。後如期死，死後果生某國，從脅下出，三日即能言，告其父母曰：我本烏思藏王，我死日曾語國人，國人亦知來迎。……迎至國五六月，暴長如成人，即能登壇說法，往事來事無不通曉。經典自能淹貫。特新王面貌不似舊王，不過五年又生他國，大都多生番地，番人稱曰活佛，迎送必以禮。國王持咒，番人不能動，故極敬畏。國王死不葬，新王到，方火舊王骸，骸中有舍利，齒間有寶石，其異如此。……然則活佛信有之，且至今不絕也。[112]

這段話顯然是小說家言，不實之處十之八九。若其果真為烏思藏僧蔣觸匝巴所說，則令人懷疑他是否是有意在製造神話。然這類傳言一定令人對此等神秘莫測的活佛興趣盎然，難怪武宗會不顧滿朝文武的反對而執意求之。雖然武宗迎活佛的故事最終成為一場鬧劇而貽後人以笑柄，然活佛的故事則已膾炙人口。清代來華的高麗燕行客樸趾源於其《熱河日記》中就記載了不少從漢族士人那裏道聽塗說來的種種有關活佛之神通的故事。如說活佛有神通法術，能洞見人之臟腑，具照見忠奸禍福的五色鏡等。甚至連元時因發宋陵寢而臭名昭著的楊璉真伽亦已轉世為神通廣大的活佛，其「有秘術，有開山寶劍，念咒一擊，雖南山石槨下錮三泉，無不立開，金凫玉魚，托地自跳，珠襦玉匣，狼藉開剝，甚至懸屍瀝汞，批頰探珠」。[113]

具預知生死之神通者還包括普通的西番國師。《菽園雜記》記載

112 《萬曆野獲編》卷30，烏思藏，第782頁。

113 樸趾源，《熱河日記》，上海：上海書店出版社，1997年，第166、170頁。

了這樣一則荒唐的故事：「成化初，一國師病且死，語人曰：吾示寂在某日某時。至期不死，弟子恥其不驗，潛絞殺之。」[114]這大概是番僧為了保持其神僧形象而必須付出的代價。

當然，番僧之神通還遠不止於此，其顯現亦不限於京師之地。《雙槐歲鈔》中記載有這樣一則故事：

> 東井陳先生宣之政為雲南憲副，嘗見西番僧至滇，遇旱，能入海擒龍鉢中，以劍擬之，輒雷電而雨。足履衢石，深入數寸，既去，則鞋跡存焉。咒六畜，生者輒死，復咒之，則死者再生。此元人所以尊信，加帝師號，至於皇天之下，一人之上，蓋懾其邪術故也。[115]

《萬曆野獲編》中亦記載下了作者親歷的神奇故事，其云：

> 余往年庚子，在武林應試，時正秋七月，遇一西僧於馮開之年伯家，其人約年四十，日夜趺坐不臥，食能鬥許，亦可不食，連旬不饑。便液亦較常人僅十之一，每十日去若羊矢者三五而已。能持彼國經咒，以炭熾鐵釜銅赤，擎掌上，拈指其中，取百沸湯沃人肌膚如冷雪，亦能以?禁瘧痢等疾。蓋其地去中國數萬里，塗中奇鬼毒蛇怪獸相撓，非藉咒力禁持，必不能達。此特其小技耳。[116]

---

114 《蒰園雜記》卷4，第38頁。

115 黃瑜撰、魏連科點校，《雙槐歲鈔》，北京：中華書局，1999年，卷8，西番遏敵，第152頁。

116 《萬曆野獲編》卷27，西僧，第694頁。

雖然漢族士人記錄了番僧之種種匪夷所思的神通，但顯然他們並沒有將這類神通當作番僧修佛所得之成就而加以表彰，而是將它們稱為「邪術」或「小技」。《罪惟錄》於記錄成祖觀塔影之神通後作評論說：「凡西僧所為皆術，若以心性則無幻。」此即是說，番僧所傳幻術而已，不是談論心性之佛學。而且就是對番僧之神通本身，漢族士人亦多持懷疑、批評的態度。明人筆記中記載有如下一則故事：當朝野上下為哈立麻上師於南京靈谷寺行普度大齋時所顯現之神通陶醉時，「唯翰林侍讀李繼鼎私曰：若彼既有神通，當〔通〕中國語，何為待譯者而後知？且其所謂唵嘛呢叭彌吽者，乃雲俺把你哄也。人不之悟耳。識者服其議。」[117]

這則故事曾被明人輾轉抄錄，可見時人附和此議，對番僧之神通持懷疑態度者甚多。武宗遣使往西番迎活佛時，不斷有人上書諫止。其中有人直接指出所謂活佛不過是騙局，說：「且西域豈真有所謂佛子者，特近幸欲售其奸而無由，乃神其術以動聖聽。」亦有人對番教之徵驗提出質問，其曰：

> 皇上遠遣使求佛，傳播中外，人心眩惑。永樂、宣德曾再遣使，不聞徵驗。比見番僧在京者，安之以居室，給之以服食，榮之以官秩，為其能習番教耳。請以其徒試之，今冬暖，河流天時失候，彼能調變二氣，以正節令乎？四方告乏，帑藏空虛，彼能神輪〔輸？〕鬼運，以贍國用乎？虜寇不庭，警報數至，彼能說法咒咀，以靖邊難乎？試有徵驗，則遠求之可也。如其不然，請即罷止。[118]

117 《明書》卷160，第3154頁。

118 《明實錄》六七，《武宗實錄》卷一三二，葉五-六（第2625-2626頁）。

總之，不管是說番教是「秘密教」，還是誇異其神通，均無異於說番教乃騙人、害人的把戲，除了能蠱惑聖主外，既於實際無補，亦非正宗釋教。[119]故有人甚至將番僧所傳之教徑稱為「鬼教」，[120]將藏傳佛教視為異端，指責番僧以「異端外教蠱惑人心，污染中華」者，則更是不勝枚舉。例如，成化二十三年（1487）十一月，南京陝西等道監察御史繆樗等言八事，其「八曰斥異端，謂邇者憸邪之士，每假方術，遊惰之民，多投釋老，甚至番僧夷種，接跡中華，上瀆先皇，售其邪說，遂致崇侈名號，大創法場，糜費財力。」[121]

再如，弘治十五年（1502）六月，內閣大學士劉健等上奏言：「若釋氏乃夷狄之教，稱為異端，而番僧全無紀律，尤濁亂聖世之大者。自胡元之君，肆為佚淫，信其蠱惑，始加崇重。及天兵掃蕩，無益敗亡，可為明鑒。」[122]

然而，到明朝時，佛教已於中國傳播了千有餘年，故籠統地斥其為異端，以此來批判番僧、番教顯然不夠有力。況且朝廷推崇佛教，指望用它來「陰翊皇度，化導群迷」，因此，士人們不敢太放肆地批判佛教。若要將番教批倒，只有將番教和佛教區別開來，使其成為佛教中的異數，即異端中的異端。故有人一方面認同朝廷借助佛教，「陰翊皇化」的政策，而另一方面則斥責「番僧皆淫穢之人，不通經典」，將他們清除出佛教徒的隊伍。[123]前述明代士人將番僧所傳之教

119 樸趾源曾對元、明朝廷崇奉番教作如下評論：「世祖起自沙漠，無足怪者。皇明之初，首訪夷僧，分師諸子，廣招西番尊禮之，自不覺其卑中國而貶至尊、丑先聖而抑真師。其立國之始，所以訓教子弟者，又何其陋也！大抵其術有能長生久視之方，則乃是投胎奪舍之說而僥倖世主之心耳。」《熱河日記》，第183頁。

120 戶科給事中石天柱上書指責明武宗「寵信番僧，從其鬼教」。《明實錄》六六，《武宗實錄》卷一〇八，葉七（第2212頁）。

121 《明實錄》五一，《孝宗實錄》卷六，葉四（第0110頁）。

122 《明實錄》五九，《孝宗實錄》卷一八八，葉十三（第3483頁）。

123 《酌中志》，第117頁。

稱為「番教」「秘密教」，或者「鬼教」，實際上都是為了明確表明它和正統佛教之區別。而藏傳佛教之最著名的別號，即「喇嘛教」這一名稱，最早亦出現於明代士人筆下。晚近，美國學者 Donald Lopez Jr. 於其《香格里拉的囚徒：藏傳佛教與西方》一書中，專章討論英語中 Lamaism 一詞的來歷和涵義。其中心思想是說，西人著作中習慣於將藏傳佛教稱為 Lamaism 是因為長期以來西方人多半將藏傳佛教看成是離原始佛教最遠、最墮落的一種形式，因為它不配擁有佛教之名，故而只能被稱作 Lamaism。[124]看來在這一點上，中西學人殊途同歸。而為藏傳佛教冠以「喇嘛教」惡名之始作俑者，當還是中國之士人。Lopez 先生提出於漢文文獻中「喇嘛教」一詞最早出現於清代的詔令中。其實不然，筆者迄今所見最早出現「喇嘛教」一詞的漢文文獻是明代萬曆元年（1573）四月八日建極殿大學士張居正所撰之《番經廠碑》。此碑起始云：「番經來自烏思藏，即今喇嘛教，達摩目為旁支曲竇者也。」[125]平心而論，張居正的這句話本身並沒有要將喇嘛教貶損為「旁門左道」的意思，說喇嘛教是被漢人推為禪宗佛教祖師的菩提達摩「目為旁支曲竇者」，無非是說它是正統佛教的「旁支」，與漢地所傳的禪宗佛教不同。身為宰臣的張居正為專門刻印藏文佛經的番經廠書寫碑文，代表的是朝廷、官方對藏傳佛教予以支持的立場。張居正在碑文中特別強調了漢、藏佛教的同一性，說：「雖貝文、梵字不與華同，而其意在戒貪惡殺、宏忍廣濟，則所謂海潮一音，醍醐同味者也。」[126]然而，「喇嘛教」一詞於漢文語境中的涵義遠遠超出了張

124 Donald S.Lopez Jr., Prisoners of Shangri-la: Tibetan Buddhism and the West, Chicago and London: The University of Chicago Press, 1998.參見Isabelle Charleux, “Les《lamas》vus de Chine: fascination et répulsion”, Extréme-Orient, Extréme-Occident, Cahiers de recherches comparatives24: L’anticléri-calisme en Chine, 2002, pp.133-152.

125 碑文今見於《欽定日下舊聞考》，臺北：廣文書局，1968年，卷6，第8a-8b頁。

126 碑文今見於《欽定日下舊聞考》，臺北：廣文書局，1968年，卷6，第8a-8b頁。

居正的本意，它代表的是漢人對藏傳佛教的一種具有典型意義的誤解，即普遍地將它當作一種神秘莫測、魔法無邊的巫術。具有諷刺意義的是，經漢地禪僧摩訶衍和尚於八世紀末期傳到吐蕃的以頓悟為主要內容的菩提達摩的禪法，同樣亦被以龍樹菩薩之中觀學說為正宗的西藏佛教徒視為異端邪說，就差沒被稱作「和尚教」了。[127]漢族士大夫對藏傳佛教之批判，可以從他們對元朝帝師八思巴之批評中略見一斑，他們以為八思巴受「賜號曰皇天之下一人之上闡教宣文輔治大聖至德普覺真智祐國如意大寶法王西天佛子大元帝師，蓋自有釋氏以來其光顯尊重未有過焉者也。心印不如達摩，神足不如圖澄，開敏不如羅什，記憶不如一行，不過小持法咒唄而已。而猥被世表之寵，秉內外釋教之權，不亦幸哉！」[128]

六　餘論

漢藏政治、文化交流的歷史從唐朝開始，至今已歷千有餘年。當兩種文明首次相遇時，於漢地正處大唐盛世，乃漢族文明之全盛時期。於吐蕃則混沌初開，尚處於「無文字」「刻木結繩」的前文明時代。漢族文化的傳入曾是推動其政治、文化發展的強大動力。而隨後吐蕃文明發展之迅速和燦爛令人驚奇。吐蕃曾經是地處漢文化圈周邊之最強大的軍事力量和最有影響力的文化形式。雖然吐蕃帝國的輝煌並沒有持續太久，但吐蕃文化卻已在其曾經統治過的漢族地區留下了不可磨滅的印記，並開始回饋其從中曾得到過許多養分的漢文化。敦煌出土的文書、壁畫和其它實物中，都有不少屬於藏傳佛教的東西。

127 參見沈衛榮，《西藏文文獻中的和尚摩訶衍及其教法：一個創造出來的傳統》，《新史學》，第16卷，第1期，2005年，第1-50頁。

128 《弇州四部稿續稿》，卷156。

有關吐蕃僧諍的敦煌漢、藏文文書，既展示漢傳佛教傳統與藏〔印〕佛教傳統的尖銳交鋒，又反映了兩種文明間的高層次交流。吐蕃大譯師法成由藏譯漢的佛典，不僅彌補了漢譯佛經中的不少空缺，而且還將漢譯佛經的水準推上了一個新的臺階。自朗達磨滅佛、吐蕃王國隨之解體之後，西藏歷史進入了一個長達幾個世紀的黑暗時代，漢、藏文化交流一度中斷。然當藏傳佛教經過後弘期的復興之後，便很快東進，向中原滲透。西夏（1032-1227）王廷中出現了中國歷史上最早的西藏帝師，[129]藏傳佛法不僅於西夏宮廷中深得歡迎，而且亦在漢族僧、俗中傳播。於西夏黑水城出土的漢文文書中，出現了不少藏傳佛教密宗瑜伽修習，特別是有關噶舉派之傳世要門《那若六法》（N□ro chos drug）之修習儀軌文書的漢譯文。[130]到了蒙元時代（1206-1368），雖然是外族入主中原，但蒙古大帝國改變了傳統的民族和社會秩序，為其境內之民族間的融合和文化交流創造了前所未有的好時機。西藏成了大蒙古帝國的一個組成部分，處於蒙元王朝的直接的統治之下。儘管在政治上，西藏人成了蒙古皇帝的臣子，然而在文化上他們卻成了蒙古皇帝的老師，而且還受命「領天下釋教」。八思巴帝師以胡僧之身份得享與漢文化之祖師孔夫子同等的尊崇，其弟子稱司徒、司空來中原傳法者，絡繹道途。從此漢地的佛教被披上了一層濃重的西番色彩，藏式的寺廟塔像不僅出現於京畿、都邑，而且亦見於南國、鄉野。雖然處於異族統治下的漢族士人對深得蒙古統治者寵信、且常常為虎作倀的番僧極為痛恨，所以元人文獻中所見之番僧形象並不太光彩，但顯然番僧不只是能呼風喚雨的神僧、播弄房中術的

129 羅炤，《藏漢合璧〈聖勝慧到彼岸功德寶集偈〉考略》，《世界宗教研究》1983年第4期，第5頁。

130 沈衛榮，《西夏黑水城所見藏傳佛教瑜伽修習儀軌文書研究I：〈夢幻身要門〉（sGyu lus kyi man ngag）》，《當代藏學學術研討會論文集》，臺北，2004年，第383-473頁。

妖僧、或者飛揚跋扈的惡僧。[131]譬如，番僧對漢地佛經的形成就卓有貢獻，史稱元代「西域異書種種而出，帝師、國師譯新採舊，增廣其文，名以至元法寶，刻在京邑，流佈人間」,「並且亦在江南流佈」。[132]一部流傳至今的《至元法寶勘同總錄》就足以證明番僧中亦有為漢藏佛教文化交流作出了卓越貢獻的高僧大德，[133]一部為後世漢人修西藏密法者奉為圭臬的《大乘要道密集》則正告世人藏傳密法並不是人們想像中的異端邪說，[134]它們的存在見證了漢藏佛教文化交流史上的一個黃金時代。

繼元而起的明朝，雖然承前朝之餘蔭，順利地接收了元朝統治西藏近百年這份寶貴的遺產，從制度上確立了其對西藏地區的統治。然而，明朝作為推翻胡人政權後建立起來的漢人政權，再次祭起「懷柔遠夷」這面旗幟，將它作為其與包括西藏在內的周邊民族交往之根本理念，希望借助廣封多建來制馭夷狄，不為邊患。是故，明朝之中國已不復元朝時夷夏雜居、天下一家的局面。「嚴夷夏之辨」重新成為明代漢族士人口頭的常用語。明代之漢藏關係便整個地於「懷柔遠夷」這個框架下展開。元末明初，番僧曾被普遍認為是元朝速亡的禍根，故明初的皇帝曾口口聲聲要以此為鑒，然而出於招徠遠人之需要，他們不但沒有將番僧拒之於千里之外，反而是大肆招徠，寵遇有

131 沈衛榮，《神通、妖術和賊髡：論元代文人筆下的番僧形象》，《漢學研究》第21卷第2期，2003年，第219-247頁。

132 趙璧，《大藏新增至元法寶記》，《天下同文集》卷八。

133 Herbert Franke, Chinesischer und tibetischer Buddhismus im China der Yüanzeit: drei Studien, München: Kommission für Zentralasiatische Studien Bayerische Akademie der Wissenschaften, 1996, pp.69-124: II.Der Kanonkatalog der Chih-yüan-Zeit und seine Kompilatoren.

134 陳慶英，《〈大乘要道密集〉與西夏王朝的藏傳佛教》，《賢者新宴》3，2003年，第49-64頁。

加。遂使京城內外居有數千番僧，新修藏傳佛寺層出不窮。他們對番僧和其所傳教法的熱愛比起前代來是有過之而無不及。藏式佛事、跳步吒等已成為宮中時祭、慶典中的常項，京城中有專門的番經廠刻印藏文佛經，分發漢地、西番和蒙古各寺。明永樂年間開始刊刻的西藏文大藏經至今仍是西藏文大藏經中最早、最權威的刻本。明代民間習密法、喜番教者之多竟使兜售藏式佛教法器成為京城內外一項有利可圖的買賣。於元朝臭名昭著的歡喜佛、雙修法等藏傳佛教之圖像與儀軌不但沒有絕跡中原，反而流傳日廣。藏式佛事亦已成為京城內外達官貴人家婚喪喜事中一項特別令人注目的內容。然而亦正是從「懷柔遠夷」和「嚴夷夏之辨」這種話語出發，明代士人既無心於「以夏變夷」，更不忍見「夏變於夷」，故不遺餘力地排斥番僧、番教。不管是將朝廷優待番僧、推崇番教的行為詮釋為政治利用，還是將番教說成是以神通騙人的方伎邪術、蠱惑聖主之心的「鬼教」「秘密法」，或者是為佛教之異端的「喇嘛教」，其目的都是為了否定深為朝野所喜的番教之宗教、文化意義，從而將西番牢牢地固定在「化外遠夷」的位置上。

漢文化傳統具有悠久的歷史，它是在吸收、融合，甚至是同化了各種外來文明的基礎上，不斷發展、進步的。它不是一種單一的文化傳統，而是一種多元的復合文化，其身上有他種文化的影子。而藏傳佛教文化，曾以其帶有異國風情的特殊魅力頑強、持續地向中原漢族文化滲透。今天，藏族文化於以漢文化為主體的中華文明中，顯然是一道相當亮麗的風景線。然而於漢、藏文化交流的歷史上，受各種政治、民族等因素的影響，漢、藏兩種文化間的交流往往不只是一種直線的、良性的，而常常是曲折的、非理性的過程。藏族之文化傳統作為一種異質的他種文化傳統，曾於漢文化傳統之不同的歷史時期，受到過不同程度的曲解，甚至有意的醜化。這種曲解與醜化導致了這兩種文化間至今存在有許多根深蒂固的誤解，阻礙了它們之間的正常交流和相互理解。是故，揭露兩種文化間之誤解、曲解的種種現象，並揭示造成這種曲解的歷史、社會和文化原因，將有助於消除這種誤解和隔閡，推動漢、藏兩種民族文化間的融合和共同繁榮。

當代中華文化思想叢刊 A0103003

想像西藏：跨文化視野中的和尚、活佛、喇嘛和密教　上冊

作　　者　沈衛榮
責任編輯　楊家瑜

發 行 人　陳滿銘
總 經 理　梁錦興
總 編 輯　陳滿銘
副總編輯　張晏瑞
編 輯 所　萬卷樓圖書股份有限公司
排　　版　林曉敏
印　　刷　維中科技有限公司
封面設計　菩薩蠻數位文化有限公司

出　　版　昌明文化有限公司
桃園市龜山區中原街 32 號
電話　(02)23216565
發　　行　萬卷樓圖書股份有限公司
臺北市羅斯福路二段 41 號 6 樓之 3
電話　(02)23216565
傳真　(02)23218698
電郵　SERVICE@WANJUAN.COM.TW
大陸經銷
廈門外圖臺灣書店有限公司
電郵　JKB188@188.COM

ISBN 978-986-496-109-2
2019 年 1 月初版二刷
定價：新臺幣 280 元

如何購買本書：
1. 轉帳購書，請透過以下帳戶
合作金庫銀行　古亭分行
戶名：萬卷樓圖書股份有限公司
帳號：0877717092596
2. 網路購書，請透過萬卷樓網站
網址　WWW.WANJUAN.COM.TW
大量購書，請直接聯繫我們，將有專人為您服務。客服：(02)23216565 分機 610
如有缺頁、破損或裝訂錯誤，請寄回更換
版權所有·翻印必究
Copyright©2016 by WanJuanLou Books CO., Ltd.All Right Reserved　**Printed in Taiwan**

國家圖書館出版品預行編目資料

想像西藏：跨文化視野中的和尚、活佛、喇嘛和密教 / 沈衛榮著. -- 初版. -- 桃園市：昌明文化出版；臺北市：萬卷樓發行, 2018.01　冊；　公分. -- (當代中華文化思想叢刊)
ISBN 978-986-496-109-2(上冊：平裝). --
1.西藏問題 2.文化研究
676.64　　107001276

本著作物經廈門墨客知識產權代理有限公司代理，由北京師範大學出版社（集團）有限公司授權萬卷樓圖書股份有限公司出版、發行中文繁體字版版權。

本書為金門大學華語文學系產學合作成果。　**校對：林庭羽**